De Smaak van Thailand 2023

Het Ultieme Thaise Kookboek

Nongkran Phumpipho

Samenvatting

Grote garnalen met lycheesaus 10
Gebraden Garnalen Met Mandoline 11
Garnalen Met Peultjes 12
Garnalen Met Chinese Champignons 13
Garnalen en gebakken erwten 14
Garnalen met mangochutney 15
Gefrituurde Garnalenballen Met Uiensaus 16
Tangerine garnalen met erwten 17
Peking-garnalen 18
Garnalen Met Paprika 19
Gebakken gamba's met varkensvlees 20
Gebakken Garnalen Met Sherrysaus 21
Gefrituurde Sesam Garnalen 22
Roer de garnalen door hun schelpen 23
Zacht Gebakken Garnalen 24
Garnalen tempura 25
Onder het rubber 26
Garnalen Met Tofu 27
Garnalen Met Tomaten 28
Garnalen Met Tomatensaus 29
Grote garnalen met tomaten-chilisaus 30
Gebakken Garnalen Met Tomatensaus 31
Garnalen Met Groenten 32
Garnalen met waterkastanjes 33
Garnalen wontons 34
Abalone met kip 35
Abalone met asperges 36
Abalone met champignons 37
Abalone met oestersaus 38
Gestoomde kokkels 39
Kokkels met taugé 40
Kokkels Met Gember En Knoflook 41

Gebakken mosselen 42
Krabkoekjes 43
Crème van krab 44
Chinees bladkrabvlees 45
Foo Yung krab met taugé 46
Gember Krab 47
Krab Lo Mein 48
Gebakken krab met varkensvlees 49
Gebakken krabvlees 50
Gefrituurde Inktvis Gehaktballetjes 51
Kantonese kreeft 52
Gebakken kreeft 53
Gestoomde kreeft met ham 54
Kreeft met champignons 55
Kreeftenstaartjes met varkensvlees 56
Gebakken kreeft 57
Kreeften nesten 59
Mosselen in zwarte bonensaus 60
Mosselen Met Gember 61
Gestoomde mosselen 62
Gefrituurde oesters 63
Oesters met spek 64
Gebakken Oesters Met Gember 65
Oesters met zwarte bonensaus 66
Sint-jakobsschelpen met bamboescheuten 67
Coquilles Met Ei 68
Coquilles Met Broccoli 69
Coquilles Met Gember 70
Sint-jakobsschelpen met ham 71
Groente Sint Jacobsschelp 72
Sint-jakobsschelpen en gehavende uien 73
Kammosselen Met Groenten 74
Sint-jakobsschelpen Met Peper 76
Calamares met taugé 77
Gefrituurde inktvis 78
Inktvis Pakketten 79

Gefrituurde inktvisrolletjes	80
Gefrituurde inktvis	81
Calamares Met Gedroogde Champignons	82
Calamares Met Groenten	83
Gestoofd rundvlees met anijs	84
Rundvlees Met Asperges	85
Rundvlees met bamboescheuten	86
Rundvlees met bamboescheuten en champignons	87
Chinees gestoofd rundvlees	88
Rundvlees met taugé	89
Rundvlees Met Broccoli	90
Sesam beef met broccoli	91
Gegrilde biefstuk	93
Kantonees rundvlees	94
Rundvlees Met Wortelen	95
Rundvlees met cashewnoten	96
Slow beef braadpan	97
Rundvlees Met Bloemkool	98
Selderij rundvlees	99
Gebraden Rundvleesplakken Met Kfus	100
Rundergehakt Met Kip En Selderij	101
Chili rundvlees	102
Rundvlees met paksoi	104
Suey Rundvlees Chop	105
Komkommer Rundvlees	106
Rundvlees Chow Mein	107
Komkommer Biefstuk	109
Gebakken Rundvlees Curry	110
Gemarineerde zeeoor	111
Gestoofde bamboescheuten	112
Kip Met Komkommer	113
Sesam kip	114
Lychee met Gember	115
Geroosterde kippenvleugels	116
Krabvlees Met Komkommer	117
gemarineerde champignons	118

Gemarineerde Knoflook Champignons ... 119
Garnalen en Bloemkool ... 120
Sesamhamsticks ... 121
Koude tofu ... 122
Kip Met Spek ... 123
Kip banaan frietjes ... 124
Kip Met Gember En Champignons ... 125
Kip en Ham ... 127
Gegrilde kippenlever ... 128
Krabballetjes met waterkastanjes ... 129
Dim sum ... 130
Rolletjes ham en kip ... 131
Gebakken Ham Wartels ... 133
Pseudo gerookte vis ... 134
Gestoofde champignons ... 136
Champignons In Oestersaus ... 137
Wraps van varkensvlees en sla ... 138
Varkensvlees En Kastanje Gehaktballetjes ... 140
Varkensvlees knoedel ... 141
Varkensvlees En Kalfsvleesballetjes ... 142
Vlinder garnaal ... 143
Chinese garnalen ... 144
Draken Wolken ... 145
Krokante Garnalen ... 146
Garnalen Met Gembersaus ... 147
Garnalennoedelrolletjes ... 148
toast met garnalen ... 150
Wontons van varkensvlees en garnalen met zoetzure saus ... 151
Kippen bouillon ... 153
Soep van taugé en varkensvlees ... 154
Abalone en champignonsoep ... 155
Kip En Aspergesoep ... 157
Rundersoep ... 158
Chinese runder- en bladsoep ... 159
Koolsoep ... 160
Pittige rundersoep ... 161

Hemelse soep 163
Soep van kip en bamboescheuten 164
Kip En Maïssoep 165
Kip En Gembersoep 166
Chinese Champignon Kippensoep 167
Kip En Rijstsoep 168
Kokossoep met kip 169
Clam chowder 170
Eier soep 171
Krab- en sint-jakobsschelpsoep 172
Krab soep 174
Vissoep 175
Soep van vis en sla 176
Gember knoedelsoep 178
Hete en zure soep 179
Champignonsoep 180
Kool En Champignonsoep 181
Eiersoep met champignons 182
Champignon- en waterkastanjesoep 183
Varkensvlees En Champignonsoep 184
Soep van varkensvlees en waterkers 185
Varkensvlees En Komkommersoep 186
Soep met gehaktballen en noedels 187
Spinazie En Tofu Soep 188
Krabvissoep en suikermaïs 189
Sichuan-soep 190
Tofu-soep 192
Tofu en vissoep 193
Tomatensoep 194
Tomaat En Spinaziesoep 195
Raap soep 196
Stoofpot 197
Vegetarische soep 198
Waterkerssoep 199
Gebakken Vis Met Groenten 200
Gebakken Hele Vis 202

Gestoofde sojavis 203
Sojavis met oestersaus 204
Gestoomde zeebaars 206
Gestoofde Vis Met Champignons.. 207
Zoete en zure vis 209
Vis Gevuld Met Varkensvlees 211
Karper met gestoofde kruiden... 213

Grote garnalen met lycheesaus

Voor 4 personen

*50 g/2 oz/½ gewone beker (voor alle doeleinden)
Meel
2,5 ml/½ theelepel zout
1 ei, licht losgeklopt
30 ml/2 eetlepels water
450 g gepelde garnalen
frituurolie
30ml/2tbsp Pinda (pinda) olie.
2 plakjes gemberwortel, gehakt
30 ml/2 eetlepels wijnazijn
5 ml/1 theelepel suiker
2,5 ml/½ theelepel zout
15 ml/1 eetlepel sojasaus
200 g lychees uit blik, uitgelekt*

Meng de bloem, zout, eieren en water tot een deeg, voeg indien nodig een beetje water toe. Gooi de garnalen tot ze goed bedekt zijn. Verhit de olie en bak de garnalen een paar minuten tot ze krokant en goudbruin zijn. Laat uitlekken op keukenpapier en schik op een warme serveerschaal. Verhit ondertussen de olie en fruit hierin de gember een minuutje. Voeg de wijnazijn, suiker, zout en sojasaus toe. Voeg de lychees toe en roer tot ze warm zijn en bedekt met de saus. Giet over de garnalen en serveer direct.

Gebraden Garnalen Met Mandoline

Voor 4 personen

60 ml/4 eetlepels arachide (pinda) olie.

1 teentje knoflook, geplet

1 plakje gemberwortel, fijngehakt

450 g gepelde garnalen

30 ml/2 eetlepels rijstwijn of droge sherry 30 ml/2 eetlepels sojasaus

15 ml/1 el mais (maizena)

45 ml/3 eetlepels water

Verhit de olie en bak hierin de knoflook en gember goudbruin. Voeg de garnalen toe en roerbak een minuutje. Voeg de wijn of sherry toe en meng goed. Voeg de sojasaus, maïzena en water toe en roer 2 minuten.

Garnalen Met Peultjes

Voor 4 personen

5 gedroogde Chinese champignons
225 g taugé
60 ml/4 eetlepels arachide (pinda) olie.
5 ml/1 theelepel zout
2 stengels bleekselderij, fijngesneden
4 lente-uitjes (lente-uitjes), fijngehakt
2 teentjes knoflook, geperst
2 plakjes gemberwortel, gehakt
60 ml/4 eetlepels water
15 ml/1 eetlepel sojasaus
15 ml rijstwijn of droge sherry
225 g Mangetout (peultjes)
225 g gepelde garnalen
15 ml/1 el mais (maizena)

Week de champignons 30 minuten in heet water en giet ze af. Verwijder de stelen en splits de hoedjes. Blancheer de taugé 5 minuten in kokend water en laat ze goed uitlekken. Verhit de helft van de olie en fruit het zout, de selderij, de lente-uitjes en de taugé 1 minuut en haal ze dan uit de pan. Verhit de resterende olie en bak de knoflook en gember goudbruin. Voeg de helft van het water, sojasaus, wijn of sherry, peultjes en garnalen toe, laat koken en laat 3 minuten pruttelen. Meng de maïzena en het resterende water tot een pasta, roer in de pan en laat al roerend sudderen tot de saus dikker wordt. Doe de groenten terug in de pan, laat sudderen tot ze gaar zijn. Serveer onmiddellijk.

Garnalen Met Chinese Champignons

Voor 4 personen

8 gedroogde Chinese champignons
45ml/3tbsp Arachide (pinda) olie.
3 plakjes gemberwortel, fijngehakt
450 g gepelde garnalen
15 ml/1 eetlepel sojasaus
5 ml/1 theelepel zout
60 ml/4 eetlepels visbouillon

Week de champignons 30 minuten in heet water en giet ze af. Verwijder de stelen en splits de hoedjes. Verhit de helft van de olie en bak de gember goudbruin. Voeg de garnalen, sojasaus en zout toe en roer tot ze bedekt zijn met olie, en haal ze dan uit de pan. Verhit de resterende olie en bak de champignons tot ze bedekt zijn met olie. Voeg de bouillon toe, breng aan de kook, dek af en laat 3 minuten sudderen. Doe de garnalen terug in de pan en roer tot ze goed verhit zijn.

Garnalen en gebakken erwten

Voor 4 personen

450 g gepelde garnalen

5 ml/1 theelepel sesamolie

5 ml/1 theelepel zout

30ml/2tbsp Pinda (pinda) olie.

1 teentje knoflook, geplet

1 plakje gemberwortel, fijngehakt

225 g geblancheerde of diepvrieserwten, ontdooid

4 lente-uitjes (lente-uitjes), fijngehakt

30 ml/2 eetlepels water

zout en peper

Meng de garnalen met de sesamolie en het zout. Verhit de olie en fruit hierin de knoflook en gember een minuutje. Voeg de garnalen toe en roer 2 minuten. Voeg de doperwten toe en roer een minuutje door. Voeg de lente-uitjes en het water toe en breng op smaak met peper en zout en eventueel nog wat sesamolie. Verwarm, al roerend voorzichtig, voor het opdienen.

Garnalen met mangochutney

Voor 4 personen

12 garnalen

zout en peper

sap van 1 citroen

30 ml/2 el mais (maizena)

1 mango

5 ml/1 theelepel mosterdpoeder

5 ml/1 theelepel honing

30 ml/2 eetlepels kokoscrème

30 ml/2 eetlepels mild kerriepoeder

120 ml kippenbouillon

45ml/3tbsp Arachide (pinda) olie.

2 teentjes knoflook, gehakt
2 lente-uitjes (lente-uitjes), fijngehakt
1 venkel, gehakt
100 gram mangochutney

Pel de garnalen en laat de staart intact. Bestrooi met zout, peper en citroensap en bedek met de helft van de maïzena. Schil de mango, snijd het vruchtvlees van de pit en snijd het vruchtvlees vervolgens in blokjes. Roer de mosterd, honing, kokosroom, kerriepoeder, resterende maïzena en bouillon erdoor. Verhit de helft van de olie en fruit hierin de knoflook, lente-uitjes en venkel 2 minuten. Voeg de bouillon toe, breng aan de kook en laat een minuutje sudderen. Voeg de mangoblokjes en chutney toe en verwarm op een laag vuur, en breng over naar een voorverwarmde schotel. Verhit de rest van de olie en bak de garnalen 2 minuten. Verdeel ze over de groenten en serveer direct.

Gefrituurde Garnalenballen Met Uiensaus

Voor 4 personen
3 eieren, licht losgeklopt

45 ml/3 eetlepels bloem (voor alle doeleinden).

zout en versgemalen peper

450 g gepelde garnalen

frituurolie

15 ml/1 eetlepel arachide (pinda)olie.

2 uien, gesnipperd

15 ml/1 el mais (maizena)

30 ml/2 eetlepels sojasaus

175 ml/6 fl oz/¬œ glas water

Meng de eieren, bloem, zout en peper. Doop de garnalen in het beslag. Verhit de olie en bak de garnalen goudbruin. Verhit ondertussen de olie en fruit de uien een minuutje. Meng de andere ingrediënten tot een pasta, voeg de uien toe en kook al roerend tot de saus dikker wordt. Laat de garnalen uitlekken en leg ze op een warme serveerschaal. Schenk de saus erover en serveer direct.

Tangerine garnalen met erwten

Voor 4 personen

60 ml/4 eetlepels arachide (pinda) olie.

1 teentje knoflook, fijngehakt

1 plakje gemberwortel, fijngehakt

450 g gepelde garnalen

30 ml rijstwijn of droge sherry

225 g diepvrieserwten, ontdooid

30 ml/2 eetlepels sojasaus

15 ml/1 el mais (maizena)

45 ml/3 eetlepels water

Verhit de olie en bak hierin de knoflook en gember goudbruin. Voeg de garnalen toe en roerbak een minuutje. Voeg de wijn of sherry toe en meng goed. Voeg de doperwten toe en roer 5 minuten. Voeg de overige ingrediënten toe en mix 2 minuten.

Peking-garnalen

Voor 4 personen

30ml/2tbsp Pinda (pinda) olie.

2 teentjes knoflook, geperst

1 plakje gemberwortel, fijngehakt

225 g gepelde garnalen

4 lente-uitjes (ui), in dikke plakken gesneden

120 ml kippenbouillon

5 ml/1 theelepel bruine suiker

5 ml/1 theelepel sojasaus

5ml/1tl hoisinsaus

5 ml/1 theelepel Tabasco-saus

Verhit de olie met de knoflook en gember en bak tot de knoflook lichtbruin is. Voeg de garnalen toe en roerbak een minuutje. Voeg de lente-uitjes toe en bak een minuutje mee. Voeg de overige ingrediënten toe, breng aan de kook, dek af en laat 4 minuten sudderen, af en toe roeren. Proef de smaak en voeg eventueel nog wat Tabasco toe.

Garnalen Met Paprika

Voor 4 personen

30ml/2tbsp Pinda (pinda) olie.

1 groene paprika, gehakt

450 g gepelde garnalen

10ml/2tl mais (maizena)

60 ml/4 eetlepels water

5 ml/1 theelepel rijstwijn of droge sherry

2,5 ml/¬Ω theelepel zout

45 ml/2 el tomatenpuree (puree)

Verhit de olie en fruit de paprika 2 minuten. Voeg de garnalen en tomatenpuree toe en meng goed. Meng het maïsmeelwater, de wijn of sherry en het zout tot een pasta, roer in de pan en laat al roerend sudderen tot de saus helder en dikker wordt.

Gebakken gamba's met varkensvlees

Voor 4 personen

225 g gepelde garnalen

100 g mager varkensvlees, in plakjes

60 ml/4 eetlepels rijstwijn of droge sherry

1 eiwit

45 ml/3 el mais (maizena)

5 ml/1 theelepel zout

15 ml/1 eetlepel water (optioneel)

90 ml/6 eetlepels arachide (pinda) olie.

45 ml/3 eetlepels visbouillon

5 ml/1 theelepel sesamolie

Doe de garnalen en het varkensvlees in aparte kommen. Meng 45 ml/3 el wijn of sherry, de eiwitten, 30 ml/2 el maïzena en zout tot een glad beslag, voeg eventueel water toe. Verdeel het mengsel tussen het varkensvlees en de garnalen en meng goed om gelijkmatig te coaten. Verhit de olie en bak het varkensvlees en de garnalen in enkele minuten goudbruin. Haal uit de pan en giet alles behalve 15ml/1tbsp olie weg. Voeg de bouillon toe aan de pan met de resterende wijn of sherry en de maïzena. Breng aan de kook en laat al roerend sudderen tot de saus dikker wordt. Giet over de garnalen en het varkensvlees en serveer besprenkeld met sesamolie.

Gebakken Garnalen Met Sherrysaus

Voor 4 personen

50 g/2 oz/¬Ω kop bloem (voor alle doeleinden).
2,5 ml/¬Ω theelepel zout
1 ei, licht losgeklopt
30 ml/2 eetlepels water
450 g gepelde garnalen
frituurolie

15 ml/1 eetlepel arachide (pinda)olie.

1 ui, fijngehakt

45 ml/3 eetlepels rijstwijn of droge sherry

15 ml/1 eetlepel sojasaus

120 ml visbouillon

10ml/2tl mais (maizena)

30 ml/2 eetlepels water

Meng de bloem, zout, eieren en water tot een deeg, voeg indien nodig een beetje water toe. Gooi de garnalen tot ze goed bedekt zijn. Verhit de olie en bak de garnalen een paar minuten tot ze krokant en goudbruin zijn. Laat uitlekken op keukenpapier en schik op een warme serveerschaal. Verhit ondertussen de olie en fruit de ui glazig. Voeg de wijn of sherry, sojasaus en bouillon toe, laat inkoken en laat 4 minuten pruttelen. Meng de maïsmeel en het water tot een pasta, roer in de pan en laat al roerend sudderen tot de saus helder en dikker wordt. Giet de saus over de garnalen en serveer.

Gefrituurde Sesam Garnalen

Voor 4 personen

450 g gepelde garnalen

½ eiwit

5 ml/1 theelepel sojasaus

5 ml/1 theelepel sesamolie

50 g maïs (maizena)

zout en versgemalen witte peper

frituurolie

60 ml/4 eetlepels sesamzaadjes

sla blaadjes

Meng de garnalen met de eiwitten, sojasaus, sesamolie, maïzena, zout en peper. Voeg een beetje water toe als het mengsel te dik is. Verhit de olie en bak de garnalen een paar minuten tot ze lichtbruin zijn. Rooster ondertussen de sesamzaadjes in een droge pan kort goudbruin. Giet de garnalen af en meng ze met de sesamzaadjes. Serveer op een bedje van sla.

Roer de garnalen door hun schelpen

Voor 4 personen

60 ml/4 eetlepels arachide (pinda) olie.

750 g ongepelde garnalen

3 lente-uitjes (lente-uitjes), fijngehakt
3 plakjes gemberwortel, fijngehakt
2,5 ml/½ theelepel zout
15 ml rijstwijn of droge sherry
120 ml ketchup (catsup)
15 ml/1 eetlepel sojasaus
15 ml/1 eetlepel suiker
15 ml/1 el maïs (maizena)
60 ml/4 eetlepels water

Verhit de olie en bak de garnalen een minuut als ze gaar zijn of tot ze roze kleuren als ze rauw zijn. Voeg de lente-uitjes, gember, zout en wijn of sherry toe en bak een minuutje mee. Voeg de ketchup, sojasaus en suiker toe en roer een minuutje door. Meng de maïzena en het water, giet het in de pan en laat al roerend sudderen tot de saus helder en ingedikt is.

Zacht Gebakken Garnalen

Voor 4 personen

75 g maïs (maizena)

1 eiwit

5 ml/1 theelepel rijstwijn of droge sherry

zout

350 g gepelde garnalen

frituurolie

Meng maïzena, eiwitten, wijn of sherry en een snufje zout tot een dik beslag. Doop de garnalen in het beslag tot ze goed bedekt zijn. Verhit de olie tot heet en bak de garnalen in een paar minuten goudbruin. Haal uit de olie, verwarm tot heet en bak de garnalen opnieuw krokant en goudbruin.

Garnalen tempura

Voor 4 personen

450 g gepelde garnalen

30 ml/2 eetlepels bloem (voor alle doeleinden).

30 ml/2 el mais (maizena)

30 ml/2 eetlepels water

2 eieren, losgeklopt

frituurolie

Halveer de garnalen op de binnenbocht en open ze om een vlinder te vormen. Meng de bloem, maïzena en water tot een pasta en spatel dan de eieren erdoor. Verhit de olie en bak de garnalen goudbruin.

Onder het rubber

Voor 4 personen

30ml/2tbsp Pinda (pinda) olie.
2 lente-uitjes (lente-uitjes), fijngehakt
1 teentje knoflook, geplet
1 plakje gemberwortel, fijngehakt
100 g kipfilet, in reepjes gesneden
100 g ham, in reepjes gesneden
100 g bamboescheuten, in reepjes gesneden
100 g waterkastanjes, in reepjes gesneden
225 g gepelde garnalen
30 ml/2 eetlepels sojasaus
30 ml rijstwijn of droge sherry
5 ml/1 theelepel zout
5 ml/1 theelepel suiker
5 ml/1 theelepel mais (maizena)

Verhit de olie en bak de lente-uitjes, knoflook en gember goudbruin. Voeg de kip toe en roer een minuutje door. Voeg de ham, bamboescheuten en waterkastanjes toe en roer 3 minuten. Voeg de garnalen toe en roerbak een minuutje. Voeg de sojasaus, wijn of sherry, zout en suiker toe en roer 2 minuten. Meng de maïzena met een beetje water, giet het in de pan en laat het al roerend 2 minuten sudderen.

Garnalen Met Tofu

Voor 4 personen

45ml/3tbsp Arachide (pinda) olie.

225 g tofu, gehakt

1 lente-ui (lente-ui), fijngehakt

1 teentje knoflook, geplet

15 ml/1 eetlepel sojasaus

5 ml/1 theelepel suiker

90 ml/6 eetlepels visbouillon

225 g gepelde garnalen

15 ml/1 el mais (maizena)

45 ml/3 eetlepels water

Verhit de helft van de olie en bak de tofu lichtbruin en haal uit de pan. Verhit de resterende olie en bak hierin de lente-uitjes en knoflook goudbruin. Voeg de sojasaus, suiker en bouillon toe en laat koken. Voeg de garnalen toe en roer op laag vuur gedurende 3 minuten. Meng de maïs en het water tot een papje, roer in de pan en laat al roerend sudderen tot de saus dikker wordt. Doe de tofu terug in de pan en laat zachtjes sudderen tot hij goed warm is.

Garnalen Met Tomaten

Voor 4 personen

2 eiwitten
30 ml/2 el mais (maizena)
5 ml/1 theelepel zout
450 g gepelde garnalen
frituurolie
30 ml rijstwijn of droge sherry
225 g tomaten, geschild, ontpit en in stukjes gesneden

Meng de eiwitten, maizena en zout. Voeg de garnalen toe tot ze goed bedekt zijn. Verhit de olie en bak de garnalen gaar. Giet alles behalve 15 ml / 1 eetlepel olie erbij en verwarm. Voeg de wijn of sherry en de tomaten toe en breng aan de kook. Voeg de garnalen toe en verwarm snel voor het opdienen.

Garnalen Met Tomatensaus

Voor 4 personen

30ml/2tbsp Pinda (pinda) olie.

1 teentje knoflook, geplet

2 plakjes gemberwortel, gehakt

2,5 ml/¬Ω theelepel zout

15 ml rijstwijn of droge sherry

15 ml/1 eetlepel sojasaus

6 ml/4 eetlepels ketchup (catsup)

120 ml visbouillon

350 g gepelde garnalen

10ml/2tl mais (maizena)

30 ml/2 eetlepels water

Verhit de olie en fruit de knoflook, gember en zout 2 minuten. Voeg de wijn of sherry, sojasaus, ketchup en bouillon toe en breng aan de kook. Voeg de garnalen toe, dek af en kook 2 minuten. Meng de maïs en het water tot een pasta, giet het in de pan en laat al roerend sudderen tot de saus helder en dikker wordt.

Grote garnalen met tomaten-chilisaus

Voor 4 personen

60 ml/4 eetlepels arachide (pinda) olie.
15 ml/1 eetlepel fijngehakte gember
15 ml/1 eetlepel gehakte knoflook
15 ml/1 eetlepel gesneden lente-ui
60 ml/4 el tomatenpuree (puree)
15 ml/1 eetlepel chilisaus
450 g gepelde garnalen
15 ml/1 el mais (maizena)
15 ml/1 eetlepel water

Verhit de olie en fruit hierin de gember, knoflook en lente-ui een minuutje. Voeg de tomatenpuree en chilisaus toe en meng goed. Voeg de garnalen toe en roer 2 minuten. Meng de maïs en het water tot een pasta, roer in de pan en laat sudderen tot de saus dikker wordt. Serveer onmiddellijk.

Gebakken Garnalen Met Tomatensaus

Voor 4 personen

50 g/2 oz/¬Ω kop bloem (voor alle doeleinden).

2,5 ml/¬Ω theelepel zout

1 ei, licht losgeklopt

30 ml/2 eetlepels water

450 g gepelde garnalen

frituurolie

30ml/2tbsp Pinda (pinda) olie.

1 ui, fijngehakt

2 plakjes gemberwortel, gehakt

75 ml / 5 eetlepels ketchup (catsup)

10ml/2tl mais (maizena)

30 ml/2 eetlepels water

Meng de bloem, zout, eieren en water tot een deeg, voeg indien nodig een beetje water toe. Gooi de garnalen tot ze goed bedekt zijn. Verhit de olie en bak de garnalen een paar minuten tot ze krokant en goudbruin zijn. Laat uitlekken op keukenpapier.

Verhit ondertussen de olie en fruit hierin de ui en gember tot ze zacht zijn. Voeg de ketchup toe en laat 3 minuten sudderen.

Meng de maïs en het water tot een papje, roer in de pan en laat al roerend sudderen tot de saus dikker wordt. Voeg de garnalen toe aan de pan en laat sudderen tot ze gaar zijn. Serveer onmiddellijk.

Garnalen Met Groenten

Voor 4 personen

15 ml/1 eetlepel arachide (pinda)olie.

225 g broccoliroosjes

225 g champignons

225 g bamboescheuten, gehakt

450 g gepelde garnalen

120 ml kippenbouillon

5 ml/1 theelepel mais (maizena)

5 ml/1 theelepel oestersaus

2,5 ml/¬Ω theelepel suiker

2,5 ml/¬Ω theelepel geraspte gemberwortel

een snufje versgemalen peper

Verhit de olie en fruit de broccoli een minuutje. Voeg de champignons en bamboescheuten toe en roer 2 minuten. Voeg de garnalen toe en roer 2 minuten. Meng de andere ingrediënten en voeg toe aan het garnalenmengsel. Breng aan de kook, roer en laat 1 minuut sudderen onder voortdurend roeren.

Garnalen met waterkastanjes

Voor 4 personen

60 ml/4 eetlepels arachide (pinda) olie.
1 teentje knoflook, fijngehakt
1 plakje gemberwortel, fijngehakt
450 g gepelde garnalen
30 ml rijstwijn of droge sherry 225 g waterkastanjes, gehakt
30 ml/2 eetlepels sojasaus
15 ml/1 el mais (maizena)
45 ml/3 eetlepels water

Verhit de olie en bak hierin de knoflook en gember goudbruin. Voeg de garnalen toe en roerbak een minuutje. Voeg de wijn of sherry toe en meng goed. Voeg de waterkastanjes toe en roer 5 minuten. Voeg de overige ingrediënten toe en mix 2 minuten.

Garnalen wontons

Voor 4 personen

450 g gepelde garnalen, in stukjes

225 g gemengde groenten, gehakt

15 ml/1 eetlepel sojasaus

2,5 ml/½ theelepel zout

een paar druppels sesamolie

40 wontonvellen

frituurolie

Meng de garnalen, groenten, sojasaus, zout en sesamolie.

Om wontons te vouwen, houdt u de huid in de palm van uw linkerhand en giet u wat vulling in het midden. Bevochtig de randen met het ei en vouw de huid in een driehoek, waarbij de randen worden afgedicht. Maak de hoeken nat met eiwit en draai ze in elkaar.

Verhit de olie en bak de wontons beetje bij beetje goudbruin. Laat goed uitlekken voor het opdienen.

Abalone met kip

Voor 4 personen

400 g ingeblikte zeevruchten
30ml/2tbsp Pinda (pinda) olie.
100 g kipfilet, in plakjes
100 g bamboescheuten, gehakt
250 ml visbouillon
15 ml rijstwijn of droge sherry
5 ml/1 theelepel suiker
2,5 ml/¬Ω theelepel zout
15 ml/1 el mais (maizena)
45 ml/3 eetlepels water

Giet het zeewier af en verdeel het, vang het sap op. Verhit de olie en bak de kip lichtbruin. Voeg het zeewier en de bamboescheuten toe en roer een minuutje door. Voeg de pekel, bouillon, wijn of sherry, suiker en zout toe, breng aan de kook en laat 2 minuten sudderen. Meng de maïsmeel en het water tot een pasta en laat al roerend sudderen tot de saus helder en dikker wordt. Serveer onmiddellijk.

Abalone met asperges

Voor 4 personen

10 gedroogde Chinese champignons

30ml/2tbsp Pinda (pinda) olie.

15 ml/1 eetlepel water

225 gram asperges

2,5 ml/¬Ω theelepel vissaus

15 ml/1 el mais (maizena)

225 g ingeblikte zeevruchten, gehakt

60 ml/4 eetlepels bouillon

¬Ω kleine wortel, gehakt

5 ml/1 theelepel sojasaus

5 ml/1 theelepel oestersaus

5 ml/1 theelepel rijstwijn of droge sherry

Week de champignons 30 minuten in heet water en giet ze af. Gooi de logboeken weg. Verhit 15 ml/1 eetlepel olie met water en bak de champignonhoedjes 10 minuten. Kook ondertussen de asperges in kokend water met de vissaus en 5ml/1tl maïzena gaar. Laat goed uitlekken en schik op een hete schaal met de champignons. Houd ze warm. Verhit de resterende olie en bak de zeebaars enkele seconden, voeg dan de bouillon, wortelen, sojasaus, oestersaus, wijn of sherry en het zetmeel van de resterende mais toe. Kook ongeveer 5 minuten tot ze gaar zijn, giet dan over de asperges en serveer.

Abalone met champignons

Voor 4 personen

6 gedroogde Chinese champignons
400 g ingeblikte zeevruchten
45ml/3tbsp Arachide (pinda) olie.
2,5 ml/¬Ω theelepel zout
15 ml rijstwijn of droge sherry
3 lente-uitjes (lente-ui), in dikke plakken gesneden

Week de champignons 30 minuten in heet water en giet ze af. Verwijder de stelen en splits de hoedjes. Giet het zeewier af en verdeel het, vang het sap op. Verhit de olie en bak het zout en de champignons 2 minuten. Voeg de zeebouillon en sherry toe, breng aan de kook, dek af en laat 3 minuten sudderen. Voeg het zeewier en de lente-uitjes toe en laat sudderen tot ze gaar zijn. Serveer onmiddellijk.

Abalone met oestersaus

Voor 4 personen

400 g ingeblikte zeevruchten

15 ml/1 el mais (maizena)

15 ml/1 eetlepel sojasaus

45ml/3tbs oestersaus

30ml/2tbsp Pinda (pinda) olie.

50 g gerookte ham, fijngehakt

Giet het blik zeewier af en bewaar 90 ml/6 eetlepels vloeistof. Meng dit met maïzena, sojasaus en oestersaus. Verhit de olie en kook de uitgelekte zee een minuutje. Roer het salsamengsel erdoor en laat al roerend ongeveer 1 minuut sudderen tot het goed is doorgewarmd. Leg op een warme schotel en serveer gegarneerd met ham.

Gestoomde kokkels

Voor 4 personen

24 sint-jakobsschelpen

Maak de kokkels goed schoon en week ze een paar uur in zout water. Spoel af onder stromend water en leg ze op een diepe ovenvaste schaal. Plaats het op een rek in een stomer, dek af en stoom in kokend water op laag vuur gedurende ongeveer 10 minuten tot alle kokkels open zijn. Gooi alles weg dat gesloten blijft. Serveer met sauzen.

Kokkels met taugé

Voor 4 personen

24 sint-jakobsschelpen

15 ml/1 eetlepel arachide (pinda)olie.

150 g taugé

1 groene paprika, in reepjes gesneden

2 lente-uitjes (lente-uitjes), fijngehakt

15 ml rijstwijn of droge sherry

zout en versgemalen peper

2,5 ml/¬Ω theelepel sesamolie

50 g gerookte ham, fijngehakt

Maak de kokkels goed schoon en week ze een paar uur in zout water. Spoel af onder stromend water. Laat een pan water koken, voeg de kokkels toe en kook een paar minuten tot ze opengaan. Giet af en gooi die weg die gesloten zijn gebleven. Haal de kokkels uit de schelpen.

Verhit de olie en bak de taugé een minuutje. Voeg de paprika en lente-uitjes toe en bak 2 minuten mee. Voeg de wijn of sherry toe en breng op smaak met zout en peper. Verwarm, voeg dan de penselen toe en roer tot goed gemengd en verwarmd. Leg op een warme schaal en serveer besprenkeld met sesamolie en prosciutto.

Kokkels Met Gember En Knoflook

Voor 4 personen

24 sint-jakobsschelpen
15 ml/1 eetlepel arachide (pinda)olie.
2 plakjes gemberwortel, gehakt
2 teentjes knoflook, geperst
15 ml/1 eetlepel water
5 ml/1 theelepel sesamolie
zout en versgemalen peper

Maak de kokkels goed schoon en week ze een paar uur in zout water. Spoel af onder stromend water. Verhit de olie en bak de gember en knoflook 30 seconden. Voeg de kokkels, het water en de sesamolie toe, dek af en kook ongeveer 5 minuten tot de kokkels opengaan. Gooi alles weg dat gesloten blijft. Kruid licht met peper en zout en serveer direct.

Gebakken mosselen

Voor 4 personen

24 sint-jakobsschelpen

60 ml/4 eetlepels arachide (pinda) olie.

4 teentjes knoflook, fijngehakt

1 ui, gesnipperd

2,5 ml/¬Ω theelepel zout

Maak de kokkels goed schoon en week ze een paar uur in zout water. Afspoelen onder stromend water en vervolgens afdrogen. Verhit de olie en fruit de knoflook, ui en zout tot ze zacht zijn. Voeg de kokkels toe, dek af en kook op laag vuur gedurende ongeveer 5 minuten tot alle schelpen open zijn. Gooi alles weg dat gesloten blijft. Laat nog een minuut zachtjes sudderen en meng met olie.

Krabkoekjes

Voor 4 personen

225 g taugé

60 ml arachideolie 100 g bamboescheuten, in reepjes gesneden

1 ui, gesnipperd

225 g krabvlees, gepeld

4 eieren, licht losgeklopt

15 ml/1 el mais (maizena)

30 ml/2 eetlepels sojasaus

zout en versgemalen peper

Blancheer de taugé 4 minuten in kokend water en giet af. Verhit de helft van de olie en fruit hierin de taugé, bamboescheuten en ui tot ze zacht zijn. Haal van het vuur en voeg de andere ingrediënten toe, behalve de olie. Verhit de resterende olie in een schone pan en bak het krabvleesmengsel met een lepel om kleine pasteitjes te maken. Bak aan beide kanten goudbruin en dien meteen op.

Crème van krab

Voor 4 personen

225 g krabvlees

5 eieren, losgeklopt

1 lente-ui (sjalot) fijngehakt

250 ml/8 fl oz/1 kopje water

5 ml/1 theelepel zout

5 ml/1 theelepel sesamolie

Meng alle ingrediënten goed. Plaats in een kom, dek af en plaats boven de dubbele boiler boven heet water of op een stoomrek. Stoom ongeveer 35 minuten tot je een vla hebt, af en toe roeren. Serveer met rijst.

Chinees bladkrabvlees

Voor 4 personen

450 g Chinese bladeren, geraspt
45 ml/3 eetlepels plantaardige olie
2 lente-uitjes (lente-uitjes), fijngehakt
225 g krabvlees
15 ml/1 eetlepel sojasaus
15 ml rijstwijn of droge sherry
5 ml/1 theelepel zout

Blancheer de Chinese bladeren 2 minuten in kokend water, laat ze goed uitlekken en spoel af met koud water. Verhit de olie en bak de lente-uitjes goudbruin. Voeg het krabvlees toe en roer 2 minuten. Voeg de Chinese bladeren toe en roer 4 minuten. Voeg de sojasaus, wijn of sherry en zout toe en meng goed. Voeg de bouillon en maizena toe, breng aan de kook en laat al roerend 2 minuten sudderen tot de saus helder en ingedikt is.

Foo Yung krab met taugé

Voor 4 personen

6 eieren, losgeklopt
45 ml/3 el mais (maizena)
225 g krabvlees
100 g taugé
2 lente-uitjes (lente-ui), fijngehakt
2,5 ml/¬Ω theelepel zout
45ml/3tbsp Arachide (pinda) olie.

Klop de eieren los en klop dan de maïzena erdoor. Combineer de andere ingrediënten behalve de olie. Verhit de olie en giet het mengsel beetje bij beetje in de pan om kleine pannenkoekjes van ongeveer 7,5 cm doorsnee te maken. Bak tot ze goudbruin zijn aan de onderkant, draai ze om en bruin aan de andere kant.

Gember Krab

Voor 4 personen

15 ml/1 eetlepel arachide (pinda)olie.
2 plakjes gemberwortel, gehakt
4 lente-uitjes (lente-uitjes), fijngehakt
3 teentjes knoflook, geperst
1 rode paprika, fijngehakt
350 g krabvlees, gepeld
2,5 ml/¬Ω theelepel vispasta
2,5 ml/¬Ω theelepel sesamolie
15 ml rijstwijn of droge sherry
5 ml/1 theelepel mais (maizena)
15 ml/1 eetlepel water

Verhit de olie en fruit hierin de gember, lente-uitjes, knoflook en chilipeper 2 minuten. Voeg het krabvlees toe en roer tot het goed bedekt is met de kruiden. Combineer de vispasta. Meng de andere ingrediënten tot een pasta, giet het in de pan en roer een minuutje. Serveer onmiddellijk.

Krab Lo Mein

Voor 4 personen

100 g taugé

30ml/2tbsp Pinda (pinda) olie.

5 ml/1 theelepel zout

1 ui, gesnipperd

100 g champignons, in plakjes

225 g krabvlees, gepeld

100 g bamboescheuten, gehakt

Verhoogde Noedels

30 ml/2 eetlepels sojasaus

5 ml/1 theelepel suiker

5 ml/1 theelepel sesamolie

zout en versgemalen peper

Blancheer de taugé 5 minuten in kokend water en giet ze af. Verhit de olie en fruit hierin het zout en de ui tot ze zacht zijn. Voeg de champignons toe en roer tot ze zacht zijn. Voeg het krabvlees toe en roer 2 minuten. Voeg de taugé en bamboescheuten toe en roer een minuutje door. Voeg de uitgelekte noedels toe aan de pan en meng voorzichtig. Meng de sojasaus, suiker en sesamolie en breng op smaak met zout en peper. Roer in de pan tot het heet is.

Gebakken krab met varkensvlees

Voor 4 personen

30ml/2tbsp Pinda (pinda) olie.

100 g varkensgehakt (gehakt).

350 g krabvlees, gepeld

2 plakjes gemberwortel, gehakt

2 eieren, licht losgeklopt

15 ml/1 eetlepel sojasaus

15 ml rijstwijn of droge sherry

30 ml/2 eetlepels water

zout en versgemalen peper

4 lente-uitjes (lente-uitjes), in reepjes gesneden

Verhit de olie en bak het varkensvlees lichtbruin. Voeg het krabvlees en de gember toe en roer een minuutje door. Combineer de eieren. Voeg de sojasaus, wijn of sherry, water, zout en peper toe en laat al roerend circa 4 minuten pruttelen. Serveer gegarneerd met lente-uitjes.

Gebakken krabvlees

Voor 4 personen

30ml/2tbsp Pinda (pinda) olie.

450 g krabvlees, gepeld

2 lente-uitjes (lente-uitjes), fijngehakt

2 plakjes gemberwortel, gehakt

30 ml/2 eetlepels sojasaus

30 ml rijstwijn of droge sherry

2,5 ml/¬Ω theelepel zout

15 ml/1 el mais (maizena)

60 ml/4 eetlepels water

Verhit de olie en fruit hierin het krabvlees, lente-uitjes en gember een minuutje. Voeg de sojasaus, wijn of sherry en zout toe, dek af en laat 3 minuten sudderen. Meng de maïsmeel en het water tot een pasta, roer in de pan en laat al roerend sudderen tot de saus helder en dikker wordt.

Gefrituurde Inktvis Gehaktballetjes

Voor 4 personen

450 g zo

50 g vet, verkruimeld

1 eiwit

2,5 ml/¬Ω theelepel suiker

2,5 ml/¬Ω theelepel mais (maizena)

zout en versgemalen peper

frituurolie

Maak de inktvis schoon en plet ze of vermaal ze tot pulp. Meng met het vet, eiwit, suiker en maïzena en breng op smaak met zout en peper. Druk het mengsel in balletjes. Verhit de olie en bak de inktvisballetjes, eventueel in porties, tot ze in de olie drijven en goudbruin worden. Laat goed uitlekken en serveer direct.

Kantonese kreeft

Voor 4 personen

2 kreeften

30 ml/2 eetlepels olie

15 ml/1 eetlepel zwarte bonensaus

1 teentje knoflook, geplet

1 ui, gesnipperd

225 g gemalen varkensvlees (gehakt).

45 ml/3 eetlepels sojasaus

5 ml/1 theelepel suiker

zout en versgemalen peper

15 ml/1 el mais (maizena)

75 ml/5 eetlepels water

1 ei, losgeklopt

Splits de kreeften, verwijder het vlees en snijd ze in blokjes van 2,5 cm. Verhit de olie en bak de zwarte bonensaus, knoflook en ui goudbruin. Voeg het varkensvlees toe en bak tot het bruin is. Voeg de sojasaus, suiker, zout, peper en kreeft toe, dek af en laat ongeveer 10 minuten sudderen. Meng de maïs en het water tot een pasta, roer in de pan en laat al roerend sudderen tot de saus helder en dikker wordt. Zet het vuur uit en roer het ei erdoor voordat je het serveert.

Gebakken kreeft

Voor 4 personen

450 g kreeftenvlees

30 ml/2 eetlepels sojasaus

5 ml/1 theelepel suiker

1 ei, losgeklopt

30 ml/3 eetlepels bloem (voor alle doeleinden).

frituurolie

Snijd het kreeftenvlees in blokjes van 2,5 cm en meng met de sojasaus en suiker. Laat het 15 minuten rusten en giet het dan af. Klop het ei en de bloem los, voeg dan de kreeft toe en meng goed om te coaten. Verhit de olie en bak de kreeft goudbruin. Laat voor het serveren uitlekken op keukenpapier.

Gestoomde kreeft met ham

Voor 4 personen

4 eieren, licht losgeklopt

60 ml/4 eetlepels water

5 ml/1 theelepel zout

15 ml/1 eetlepel sojasaus

450 g kreeftenvlees, in stukjes gesneden

15 ml/1 eetlepel gehakte gerookte ham

15 ml/1 eetlepel gehakte verse peterselie

Klop de eieren los met water, zout en sojasaus. Giet in een kom met antiaanbaklaag en bestrooi met kreeftenvlees. Plaats de kom op een rek in een stomer, dek af en stoom gedurende 20 minuten tot de eieren gestold zijn. Serveer gegarneerd met ham en peterselie.

Kreeft met champignons

Voor 4 personen

450 g kreeftenvlees

15 ml/1 el maïs (maizena)

60 ml/4 eetlepels water

30ml/2tbsp Pinda (pinda) olie.

4 lente-uitjes (ui), in dikke plakken gesneden

100 g champignons, in plakjes

2,5 ml/¬Ω theelepel zout

1 teentje knoflook, geplet

30 ml/2 eetlepels sojasaus

15 ml rijstwijn of droge sherry

Snijd het kreeftenvlees in blokjes van 2,5 cm. Meng de maïs en het water tot een pasta en voeg de kreeftblokjes toe aan het mengsel om te coaten. Verhit de helft van de olie en bak de kreeftblokjes tot ze lichtbruin zijn, haal ze uit de pan. Verhit de rest van de olie en bak hierin de lente-uitjes goudbruin. Voeg de champignons toe en roer 3 minuten. Voeg het zout, de knoflook, de sojasaus en de wijn of sherry toe en roer 2 minuten. Doe de kreeft terug in de pan en roer tot hij heet is.

Kreeftenstaartjes met varkensvlees

Voor 4 personen

3 gedroogde Chinese champignons

4 kreeftenstaarten

60 ml/4 eetlepels arachide (pinda) olie.

100 g varkensgehakt (gehakt).

50 g waterkastanjes, fijngehakt

zout en versgemalen peper

2 teentjes knoflook, geperst

45 ml/3 eetlepels sojasaus

30 ml rijstwijn of droge sherry

30 ml/2 el zwarte bonensaus

10 ml/2 el mais (maizena)

120 ml/4 fl oz/¬Ω glas water

Week de champignons 30 minuten in heet water en giet ze af. Verwijder de steeltjes en snij de hoedjes eraf. Snijd de kreeftenstaart in de lengte doormidden. Haal het vlees uit de kreeftenstaarten en bewaar de schelpen. Verhit de helft van de olie en bak het varkensvlees lichtbruin. Haal van het vuur en voeg de champignons, kreeftenvlees, waterkastanjes, zout en peper toe. Wikkel het vlees in de kreeftenschalen en leg het op een bakplaat. Plaats op een rooster in een stomer, dek af en stoom ongeveer 20 minuten tot ze gaar zijn. Verhit ondertussen de rest van de olie en fruit hierin de knoflook, sojasaus, wijn of zwarte bonen sherry saus 2 minuten. Meng de maïs en het water tot een deeg, meng in een koekenpan en laat al roerend sudderen tot de saus dikker wordt. Schik de kreeft op een warme serveerschaal, giet de saus erover en serveer direct.

Gebakken kreeft

Voor 4 personen

450 g kreeftenstaarten
30ml/2tbsp Pinda (pinda) olie.
1 teentje knoflook, geplet
2,5 ml/¬Ω theelepel zout
350 g taugé
50 g champignonpaddestoelen
4 lente-uitjes (ui), in dikke plakken gesneden
150 ml/¬° pt/volle ¬Ω kop kippenbouillon
15 ml/1 el mais (maizena)

Breng een pan met water aan de kook, voeg de kreeftenstaart toe en kook een minuutje. Giet af, laat afkoelen, verwijder de schil en snijd in dikke plakken. Verhit de olie met knoflook en zout en bak tot de knoflook lichtbruin is. Voeg de kreeft toe en roer een minuutje mee. Voeg de taugé en champignons toe en roer een minuutje door. Combineer de lente-uitjes. Voeg het grootste deel van de bouillon toe, breng aan de kook, dek af en laat 3 minuten sudderen. Meng de maïzena met de resterende bouillon, giet in de pan en laat al roerend sudderen tot de saus helder en dikker wordt.

Kreeften nesten

Voor 4 personen

30ml/2tbsp Pinda (pinda) olie.

5 ml/1 theelepel zout

1 ui, dun gesneden

100 g champignons, in plakjes

100 g bamboescheuten, gehakt 225 g gekookt kreeftenvlees

15 ml rijstwijn of droge sherry

120 ml kippenbouillon

een snufje versgemalen peper

10ml/2tl mais (maizena)

15 ml/1 eetlepel water

4 manden noedels

Verhit de olie en fruit hierin het zout en de ui tot ze zacht zijn. Voeg de champignons en bamboescheuten toe en roer 2 minuten. Voeg het kreeftenvlees, wijn of sherry en bouillon toe, breng aan de kook, dek af en laat 2 minuten sudderen. Breng op smaak met peper. Meng de maïs en het water tot een papje, roer in de pan en laat al roerend sudderen tot de saus dikker wordt. Schik de noedelnestjes op een hete schotel en garneer met de gebakken kreeft.

Mosselen in zwarte bonensaus

Voor 4 personen

45ml/3tbsp Arachide (pinda) olie.
2 teentjes knoflook, geperst
2 plakjes gemberwortel, gehakt
30 ml/2 el zwarte bonensaus
15 ml/1 eetlepel sojasaus
1,5 kg mosselen, gewassen en bebaard
2 lente-uitjes (lente-uitjes), fijngehakt

Verhit de olie en fruit hierin de knoflook en gember 30 seconden. Voeg de zwarte bonensaus en sojasaus toe en bak 10 seconden. Voeg de mosselen toe, dek af en kook ongeveer 6 minuten tot de mosselen opengaan. Gooi alles weg dat gesloten blijft. Doe over in een warme schaal en serveer bestrooid met lente-uitjes.

Mosselen Met Gember

Voor 4 personen

45ml/3tbsp Arachide (pinda) olie.

2 teentjes knoflook, geperst

4 plakjes gemberwortel, gehakt

1,5 kg mosselen, gewassen en bebaard

45 ml/3 eetlepels water

15 ml/1 el oestersaus

Verhit de olie en fruit hierin de knoflook en gember 30 seconden. Voeg de mosselen en het water toe, dek af en kook ongeveer 6 minuten tot de mosselen opengaan. Gooi alles weg dat gesloten blijft. Breng over naar een warme schotel en serveer besprenkeld met oestersaus.

Gestoomde mosselen

Voor 4 personen

1,5 kg mosselen, gewassen en bebaard
45 ml/3 eetlepels sojasaus
3 lente-uitjes (lente-uitjes), fijngehakt

Schik de mosselen op een rooster in een stomer, dek af en stoom in kokend water gedurende ongeveer 10 minuten tot alle mosselen open zijn. Gooi alles weg dat gesloten blijft. Leg op een warme schaal en serveer bestrooid met sojasaus en lente-uitjes.

Gefrituurde oesters

Voor 4 personen

24 oesters, gepeld
zout en versgemalen peper
1 ei, losgeklopt
50 g/2 oz/¬Ω kop bloem (voor alle doeleinden).
250 ml/8 fl oz/1 kopje water
frituurolie
4 lente-uitjes (lente-uitjes), fijngehakt

Bestrooi de oesters met zout en peper. Klop het ei met de bloem en het water tot een deeg en gebruik het om de oesters mee te bedekken. Verhit de olie en bak de oesters goudbruin. Laat uitlekken op keukenpapier en serveer gegarneerd met lente-uitjes.

Oesters met spek

Voor 4 personen

175 gram spek
24 oesters, gepeld
1 ei, licht losgeklopt
15 ml/1 eetlepel water
45ml/3tbsp Arachide (pinda) olie.
2 uien, gesnipperd
15 ml/1 el mais (maizena)
15 ml/1 eetlepel sojasaus
90 ml/6 el kippenbouillon

Snijd de bacon in stukjes en wikkel om elke oester een stukje. Klop het ei los met water en voeg dan de oesters toe. Verhit de helft van de olie en bak de oesters aan beide kanten goudbruin, haal ze dan uit de pan en giet het vet af. Verhit de rest van de olie en fruit hierin de uien tot ze zacht zijn. Meng de maïzena, sojasaus en bouillon tot een pasta, giet in de pan en laat al roerend sudderen tot de saus helder en dikker wordt. Giet over de oesters en serveer direct.

Gebakken Oesters Met Gember

Voor 4 personen

24 oesters, gepeld

2 plakjes gemberwortel, gehakt

30 ml/2 eetlepels sojasaus

15 ml rijstwijn of droge sherry

4 lente-uitjes (lente-uitjes), in reepjes gesneden

100 gram spek

1 ei

50 g/2 oz/¬Ω kop bloem (voor alle doeleinden).

zout en versgemalen peper

frituurolie

1 citroen, in partjes gesneden

Doe de oesters in een kom met de gember, sojasaus en wijn of sherry en roer goed door elkaar. Laat het 30 minuten rusten. Leg op elke oester een paar reepjes lente-ui. Snijd de bacon in stukjes en wikkel om elke oester een stukje. Klop het ei en de bloem tot een deeg en breng op smaak met zout en peper. Doop de oesters in het beslag tot ze goed bedekt zijn. Verhit de olie en bak de oesters goudbruin. Serveer gegarneerd met partjes citroen.

Oesters met zwarte bonensaus

Voor 4 personen

350 g oesters in de schelp

120 ml pinda (pinda)olie.

2 teentjes knoflook, geperst

3 lente-uitjes (lente-uitjes), in plakjes

15 ml/1 eetlepel zwarte bonensaus

30 ml/2 el donkere sojasaus

15 ml/1 eetlepel sesamolie

een snufje peperpoeder

Blancheer de oesters 30 seconden in kokend water en giet ze af. Verhit de olie en fruit de knoflook en lente-uitjes 30 seconden. Voeg de zwarte bonensaus, sojasaus, sesamolie en oesters toe en meng met chilipoeder naar smaak. Kook tot het heet is en serveer onmiddellijk.

Sint-jakobsschelpen met bamboescheuten

Voor 4 personen

60 ml/4 eetlepels arachide (pinda) olie.

6 lente-uitjes (lente-uitjes), fijngehakt

225 g champignons, in vieren

15 ml/1 eetlepel suiker

450 g sint-jakobsschelpen in de schelp

2 plakjes gemberwortel, gehakt

225 g bamboescheuten, gehakt

zout en versgemalen peper

300 ml/¬Ω pt/1 ¬° glazen water

30 ml/2 eetlepels wijnazijn

30 ml/2 el mais (maizena)

150 ml/¬° pt/groot ¬Ω glas water

45 ml/3 eetlepels sojasaus

Verhit de olie en bak hierin de lente-uitjes en champignons 2 minuten. Voeg de suiker, kokkels, gember, bamboescheuten, zout en peper toe, dek af en kook 5 minuten. Voeg water en wijnazijn toe, breng aan de kook, dek af en laat 5 minuten sudderen. Meng de maïs en het water tot een papje, roer in de pan en laat al roerend sudderen tot de saus dikker wordt. Besprenkel met sojasaus en serveer.

Coquilles Met Ei

Voor 4 personen

45ml/3tbsp Arachide (pinda) olie.

350 g sint-jakobsschelpen in de schelp

25 g gerookte ham, fijngehakt

30 ml rijstwijn of droge sherry

5 ml/1 theelepel suiker

2,5 ml/¬Ω theelepel zout

een snufje versgemalen peper

2 eieren, licht losgeklopt

15 ml/1 eetlepel sojasaus

Verhit de olie en bak de sint-jakobsschelpen 30 seconden. Voeg de ham toe en roer een minuutje mee. Voeg de wijn of sherry, suiker, zout en peper toe en roer een minuutje door. Voeg de eieren toe en roer voorzichtig op hoog vuur tot de ingrediënten goed bedekt zijn met het ei. Serveer bestrooid met sojasaus.

Coquilles Met Broccoli

Voor 4 personen

350 g sint-jakobsschelpen, in stukjes gesneden

3 plakjes gemberwortel, fijngehakt

¬Ω kleine wortel, gehakt

1 teentje knoflook, geplet

45 ml/3 eetlepels bloem (voor alle doeleinden).

2,5 ml/¬Ω theelepel zuiveringszout (baking soda)

30ml/2tbsp Pinda (pinda) olie.

15 ml/1 eetlepel water

1 banaan, in plakjes

frituurolie

275 g brocolli

zout

5 ml/1 theelepel sesamolie

2,5 ml/¬Ω theelepel chilisaus

2,5 ml/¬Ω theelepel wijnazijn

2,5 ml/¬Ω theelepel tomatenpuree (puree)

Meng de coquilles met de gember, wortel en knoflook en laat even rusten. Meng de bloem, zuiveringszout, 15 ml/1 el olie en water tot een deeg en gebruik dit om de plakjes banaan te bedekken. Verhit de olie en bak de bananen goudbruin, giet ze af en schik ze rond een warme serveerschaal. Kook ondertussen de broccoli gaar in kokend water met zout en giet af. Verhit de rest van de olie met sesamolie en bak de broccoli kort en schik deze rond het bord met de bananen. Voeg de chilisaus, wijnazijn en tomatenpuree toe aan de pan en bak de sint-jakobsschelpen gaar. Giet op een serveerschaal en serveer direct.

Coquilles Met Gember

Voor 4 personen

45ml/3tbsp Arachide (pinda) olie.

2,5 ml/¬Ω theelepel zout

3 plakjes gemberwortel, fijngehakt

2 lente-uitjes (ui), in dikke plakken gesneden

450 g gepelde sint-jakobsschelpen, gehalveerd

15 ml/1 el mais (maizena)

60 ml/4 eetlepels water

Verhit de olie en bak het zout en de gember 30 seconden. Voeg de lente-uitjes toe en bak tot ze goudbruin zijn. Voeg de sint-jakobsschelpen toe en roer 3 minuten. Meng de maïsmeel en het water tot een pasta, voeg toe aan de pan en laat al roerend sudderen tot het dikker wordt. Serveer onmiddellijk.

Sint-jakobsschelpen met ham

Voor 4 personen

450 g gepelde sint-jakobsschelpen, gehalveerd

250 ml rijstwijn of droge sherry
1 ui, fijngehakt
2 plakjes gemberwortel, gehakt
2,5 ml/½ theelepel zout
100 g gerookte ham, fijngehakt

Doe de sint-jakobsschelpen in een kom en voeg de wijn of sherry toe. Dek af en marineer gedurende 30 minuten, keer af en toe, laat de sint-jakobsschelpen uitlekken en gooi de marinade weg. Schik de sint-jakobsschelpen in een ovenvaste schaal met de overige ingrediënten. Zet de pan op een rooster in een stomer, dek af en stoom in kokend water gedurende ongeveer 6 minuten tot de sint-jakobsschelpen gaar zijn.

Groente Sint Jacobsschelp

Voor 4 personen
225 g gepelde sint-jakobsschelpen
30 ml/2 eetlepels vers gehakte koriander

4 eieren, losgeklopt

15 ml rijstwijn of droge sherry

zout en versgemalen peper

15 ml/1 eetlepel arachide (pinda)olie.

Doe de sint-jakobsschelpen in een stomer en stoom ze in ongeveer 3 minuten gaar, afhankelijk van de grootte. Haal uit de stomer en bestrooi met koriander. Klop de eieren los met de wijn of sherry en breng op smaak met zout en peper. Combineer de sint-jakobsschelpen en koriander. Verhit de olie en bak het mengsel van eieren en schelpdieren, onder voortdurend roeren, tot de eieren zich net vormen. Serveer onmiddellijk.

Sint-jakobsschelpen en gehavende uien

Voor 4 personen

45ml/3tbsp Arachide (pinda) olie.

1 ui, gesnipperd

450 g gepelde sint-jakobsschelpen, in kwarten
zout en versgemalen peper
15 ml rijstwijn of droge sherry

Verhit de olie en fruit de ui tot deze zacht is. Voeg de sint-jakobsschelpen toe en roer tot ze bruin zijn. Breng op smaak met zout en peper, giet de wijn of sherry erover en serveer direct.

Kammosselen Met Groenten

Serveert 4,6

4 gedroogde Chinese champignons

2 uien

30ml/2tbsp Pinda (pinda) olie.

3 stengels bleekselderij, diagonaal gesneden

225 g sperziebonen, diagonaal gesneden

10 ml/2 theelepels geraspte gemberwortel

1 teentje knoflook, geplet

20 ml / 4 tl maïs (maizena)

250 ml kippenbouillon

30 ml rijstwijn of droge sherry

30 ml/2 eetlepels sojasaus

450 g gepelde sint-jakobsschelpen, in kwarten

6 lente-uitjes (lente-uitjes), fijngehakt

425 g tarwekolven uit blik

Week de champignons 30 minuten in heet water en giet ze af. Verwijder de stelen en splits de hoedjes. Snijd de uien in partjes en haal de lagen uit elkaar. Verhit de olie en fruit hierin de uien, bleekselderij, bonen, gember en knoflook 3 minuten. Meng de maïzena met een beetje bouillon en voeg dan de rest van de bouillon, wijn of sherry en sojasaus toe. Voeg toe aan de wok en breng al roerend aan de kook. Voeg de champignons, sint-jakobsschelpen, lente-uitjes en mais toe en roerbak circa 5 minuten tot de sint-jakobsschelpen gaar zijn.

Sint-jakobsschelpen Met Peper

Voor 4 personen

30ml/2tbsp Pinda (pinda) olie.

3 lente-uitjes (lente-uitjes), fijngehakt

1 teentje knoflook, geplet

2 plakjes gemberwortel, gehakt

2 rode paprika's, gehakt

450 g sint-jakobsschelpen in de schelp

30 ml rijstwijn of droge sherry

15 ml/1 eetlepel sojasaus

15 ml/1 eetlepel gele bonensaus

5 ml/1 theelepel suiker

5 ml/1 theelepel sesamolie

Verhit de olie en fruit de lente-uitjes, knoflook en gember 30 seconden. Voeg de peper toe en bak een minuutje mee. Voeg de sint-jakobsschelpen toe en roer 30 seconden, voeg dan de overige ingrediënten toe en kook ongeveer 3 minuten tot de sint-jakobsschelpen gaar zijn.

Calamares met taugé

Voor 4 personen

450 gram inktvis
30ml/2tbsp Pinda (pinda) olie.
15 ml rijstwijn of droge sherry
100 g taugé
15 ml/1 eetlepel sojasaus
zout
1 rode paprika, fijngehakt
2 plakjes gemberwortel, gehakt
2 lente-uitjes (lente-uitjes), fijngehakt

Verwijder de kop, het omhulsel en het vlies van de inktvis en snijd ze in grove stukken. Snij op elk stuk een kruispatroon. Breng een pan water aan de kook, voeg de inktvis toe en laat sudderen tot de stukjes opgerold zijn, giet af en laat uitlekken. Verhit de helft van de olie en bak de inktvis snel aan. Blus af met wijn of sherry. Verhit ondertussen de rest van de olie en fruit hierin de taugé tot ze net gaar zijn. Breng op smaak met sojasaus en zout. Schik de chili, gember en lente-uitjes rond een serveerschaal. Leg de taugé in het midden en leg de inktvis erop. Serveer onmiddellijk.

Gefrituurde inktvis

Voor 4 personen

50 g bloem (alle doeleinden).

25 g maïs (maizena)

2,5 ml/½ theelepel bakpoeder

2,5 ml/½ theelepel zout

1 ei

75 ml/5 eetlepels water

15 ml/1 eetlepel arachide (pinda)olie.

450 g inktvis, in ringen gesneden

frituurolie

Meng de bloem, maïzena, bakpoeder, zout, eieren, water en olie tot een beslag. Doop de calamares in het beslag tot ze goed bedekt zijn. Verhit de olie en bak de inktvis in stukjes per keer goudbruin. Laat voor het serveren uitlekken op keukenpapier.

Inktvis Pakketten

Voor 4 personen

8 gedroogde Chinese champignons

450 gram inktvis

100 gram gerookte ham

100 g tahoe

1 ei, losgeklopt

15 ml/1 el bloem (voor alle doeleinden).

2,5 ml/¬Ω theelepel suiker

2,5 ml/¬Ω theelepel sesamolie

zout en versgemalen peper

8 wontonvellen

frituurolie

Week de champignons 30 minuten in heet water en giet ze af. Gooi de logboeken weg. Maak de inktvis schoon en snijd ze in 8 stukken. Snijd de ham en tofu in 8 stukken. Doe ze allemaal in één kom. Meng het ei met de blocm, suiker, sesamolie, zout en peper. Giet de ingrediënten in de kom en meng voorzichtig. Leg een paddenstoel en een stuk calamares, ham en tofu net onder het midden van elke wontonschelp. Vouw de onderste hoek terug, vouw de zijkanten om en rol op, bevochtig de randen met water om ze af te dichten. Verhit de olie en bak de bundeltjes in circa 8 minuten goudbruin. Laat goed uitlekken voor het opdienen.

Gefrituurde inktvisrolletjes

Voor 4 personen

45ml/3tbsp Arachide (pinda) olie.

225 g inktvisringen

1 grote groene paprika, in stukjes gesneden

100 g bamboescheuten, gehakt

2 lente-uitjes (lente-ui), fijngehakt

1 plakje gemberwortel, fijngehakt

45 ml/2 eetlepels sojasaus

30 ml rijstwijn of droge sherry

15 ml/1 el mais (maizena)

15 ml/1 eetlepel visbouillon of water

5 ml/1 theelepel suiker

5 ml/1 theelepel wijnazijn

5 ml/1 theelepel sesamolie

zout en versgemalen peper

Verhit 15ml/1el olie en bak hierin snel de inktvisringen tot ze goed gesloten zijn. Verhit ondertussen in een aparte pan de rest van de olie en fruit hierin de paprika, bamboescheuten, bosui en gember 2 minuten. Voeg de calamares toe en roer een minuutje door. Meng de sojasaus, wijn of sherry, maïzena, bouillon, suiker, wijnazijn en sesamolie en breng op smaak met zout en peper. Kook tot de saus helder en dikker wordt.

Gefrituurde inktvis

Voor 4 personen

45ml/3tbsp Arachide (pinda) olie.

3 lente-uitjes (lente-ui), in dikke plakken gesneden

2 plakjes gemberwortel, gehakt

450 g inktvis, in stukjes gesneden

15 ml/1 eetlepel sojasaus

15 ml rijstwijn of droge sherry

5 ml/1 theelepel mais (maizena)

15 ml/1 eetlepel water

Verhit de olie en fruit hierin de lente-uitjes en gember tot ze zacht zijn. Voeg de calamares toe en roer tot ze bedekt zijn met olie. Voeg de sojasaus en wijn of sherry toe, dek af en laat 2 minuten pruttelen. Meng de maïsmeel en het water tot een pasta, voeg het toe aan de pan en laat het al roerend sudderen tot de saus dikker wordt en de inktvis zacht is.

Calamares Met Gedroogde Champignons

Voor 4 personen

50 g gedroogde Chinese champignons

450 g inktvisringen

45ml/3tbsp Arachide (pinda) olie.

45 ml/3 eetlepels sojasaus

2 lente-uitjes (lente-ui), fijngehakt

1 plakje gemberwortel, fijngehakt

225 g bamboescheuten, in reepjes gesneden

30 ml/2 el mais (maizena)

150 ml/¬° pt/goed ¬Ω glas visbouillon

Week de champignons 30 minuten in heet water en giet ze af. Verwijder de stelen en splits de hoedjes. Blancheer de inktvisringen enkele seconden in kokend water. Verhit de olie, voeg dan de champignons, sojasaus, lente-uitjes en gember toe en fruit 2 minuten. Voeg de inktvis en bamboescheuten toe en roer 2 minuten. Meng de maïzena en bouillon samen en roer in de pan. Laat al roerend sudderen tot de saus helder en dikker wordt.

Calamares Met Groenten

Voor 4 personen

45ml/3tbsp Arachide (pinda) olie.

1 ui, gesnipperd

5 ml/1 theelepel zout

450 g inktvis, in stukjes gesneden

100 g bamboescheuten, gehakt

2 stengels bleekselderij, diagonaal gesneden

60 ml/4 eetlepels kippenbouillon

5 ml/1 theelepel suiker

100g peultjes (peultjes)

5 ml/ 1 theelepel mais (maizena)

15 ml/1 eetlepel water

Verhit de olie en bak hierin de ui en het zout goudbruin. Voeg de calamares toe en bak tot ze bedekt zijn met olie. Voeg de bamboescheuten en bleekselderij toe en roer 3 minuten. Voeg de bouillon en de suiker toe, breng aan de kook, dek af en laat 3 minuten sudderen tot de groenten net gaar zijn. Combineer de mangeut. Meng de maïs en het water tot een papje, roer in de pan en laat al roerend sudderen tot de saus dikker wordt.

Gestoofd rundvlees met anijs

Voor 4 personen

30ml/2tbsp Pinda (pinda) olie.

450 g biefstuk

1 teentje knoflook, geplet

45 ml/3 eetlepels sojasaus

15 ml/1 eetlepel water

15 ml rijstwijn of droge sherry

5 ml/1 theelepel zout

5 ml/1 theelepel suiker

2 steranijs kruidnagel

Verhit de olie en bak het vlees aan alle kanten goudbruin. Voeg de overige ingrediënten toe, laat het koken, dek af en laat ongeveer 45 minuten sudderen, draai dan het vlees om, voeg wat meer water en sojasaus toe als het vlees uitdroogt. Laat nog 45 minuten koken tot het vlees mals is. Gooi steranijs weg voor het opdienen.

Rundvlees Met Asperges

Voor 4 personen

450 g rundsvlees, in plakjes

30 ml/2 eetlepels sojasaus

30 ml rijstwijn of droge sherry

45 ml/3 el mais (maizena)

45ml/3tbsp Arachide (pinda) olie.

5 ml/1 theelepel zout

1 teentje knoflook, geplet

350 g aspergepunten

120 ml kippenbouillon

15 ml/1 eetlepel sojasaus

Doe de biefstuk in een kom. Meng de sojasaus, wijn of sherry en 30 ml/2 eetlepels maïzena, giet over de biefstuk en meng goed. Laat het 30 minuten marineren. Verhit de olie met zout en knoflook en bak tot de knoflook lichtbruin is. Voeg het vlees en de marinade toe en roer 4 minuten. Voeg de asperges toe en bak 2 minuten in de pan. Voeg de bouillon en sojasaus toe, laat koken en laat pruttelen, roer 3 minuten tot het rundvlees gaar is. Meng de resterende maïzena met een beetje water of bouillon en voeg toe aan de saus. Roer al roerend een paar minuten tot de saus helder en ingedikt is.

Rundvlees met bamboescheuten

Voor 4 personen

45ml/3tbsp Arachide (pinda) olie.

1 teentje knoflook, geplet

1 lente-ui (lente-ui), fijngehakt

1 plakje gemberwortel, fijngehakt

225 g mager rundvlees, in reepjes gesneden

100 gram bamboescheuten

45 ml/3 eetlepels sojasaus

15 ml rijstwijn of droge sherry

5 ml/1 theelepel mais (maizena)

Verhit de olie en bak hierin de knoflook, lente-ui en gember goudbruin. Voeg het vlees toe en roerbak in 4 minuten bruin. Voeg de bamboescheuten toe en roer 3 minuten. Voeg de sojasaus, wijn of sherry en maïzena toe en roer 4 minuten.

Rundvlees met bamboescheuten en champignons

Voor 4 personen

225 g mager rundvlees

45ml/3tbsp Arachide (pinda) olie.

1 plakje gemberwortel, fijngehakt

100 g bamboescheuten, gehakt

100 g champignons, in plakjes

45 ml/3 eetlepels rijstwijn of droge sherry

5 ml/1 theelepel suiker

10 ml/2 theelepels sojasaus

zout en peper

120 ml runderbouillon

15 ml/1 el mais (maizena)

30 ml/2 eetlepels water

Snijd het vlees dun tegen de draad in. Verhit de olie en bak de gember enkele seconden. Voeg het rundvlees toe en roer tot het bruin is. Voeg de bamboescheuten en champignons toe en roer een minuutje door. Voeg de wijn of sherry, suiker en sojasaus toe en breng op smaak met zout en peper. Voeg de bouillon toe, breng aan de kook, dek af en laat 3 minuten sudderen. Meng de maïzena en het water, giet het in de pan en laat al roerend sudderen tot de saus dikker wordt.

Chinees gestoofd rundvlees

Voor 4 personen

45ml/3tbsp Arachide (pinda) olie.

Biefstuk van 900 gram

1 lente-ui (ui), gesnipperd

1 teentje knoflook, fijngehakt

1 plakje gemberwortel, fijngehakt

60 ml/4 eetlepels sojasaus

30 ml rijstwijn of droge sherry

5 ml/1 theelepel suiker

5 ml/1 theelepel zout

een snufje peper

750 ml/1° pts/3 kopjes kokend water

Verhit de olie en bak het vlees snel aan alle kanten bruin. Voeg de bosui, knoflook, gember, sojasaus, wijn of sherry, suiker, zout en peper toe. Laat het koken, roer. Voeg het kokende water toe, laat het koken, roer, dek af en laat ongeveer 2 uur sudderen tot het vlees gaar is.

Rundvlees met taugé

Voor 4 personen

450 g mager rundvlees, in plakjes

1 eiwit

30ml/2tbsp Pinda (pinda) olie.

15 ml/1 el mais (maizena)

15 ml/1 eetlepel sojasaus

100 g taugé

25 g zuurkool, geraspt

1 rode paprika, fijngehakt

2 lente-uitjes (lente-uitjes), fijngehakt

2 plakjes gemberwortel, gehakt

zout

5 ml/1 theelepel oestersaus

5 ml/1 theelepel sesamolie

Meng het vlees met de eiwitten, de helft van de olie, maïzena en sojasaus en laat 30 minuten rusten. Blancheer de taugé ongeveer 8 minuten in kokend water tot ze bijna gaar zijn en giet ze af. Verhit de resterende olie en bak het vlees lichtbruin en haal het dan uit de pan. Voeg de kool, rode peper, gember, zout, oestersaus en sesamolie toe en roer 2 minuten. Voeg de taugé toe en roer 2 minuten. Doe het vlees terug in de pan en roer tot alles goed gemengd en verwarmd is. Serveer onmiddellijk.

Rundvlees Met Broccoli

Voor 4 personen

450 g rosbief, dun gesneden

30 ml/2 el mais (maizena)

15 ml rijstwijn of droge sherry

15 ml/1 eetlepel sojasaus

30ml/2tbsp Pinda (pinda) olie.

5 ml/1 theelepel zout

1 teentje knoflook, geplet

225 g broccoliroosjes

150 ml/¬° pt/volle ¬Ω kop runderbouillon

Doe de biefstuk in een kom. Meng 15 ml maizena met de wijn of sherry-sojasaus, voeg het vlees toe en laat 30 minuten marineren. Verhit de olie met zout en knoflook en bak tot de knoflook lichtbruin is. Voeg de biefstuk en marinade toe en roer 4 minuten. Voeg de broccoli toe en roer 3 minuten. Voeg de bouillon toe, breng aan de kook, dek af en laat 5 minuten sudderen tot de broccoli gaar maar nog krokant is. Meng de resterende maïzena met een beetje water en voeg toe aan de saus. Roer, roer tot de saus helder en dikker wordt.

Sesam beef met broccoli

Voor 4 personen

150 g mager rundvlees, dun gesneden

2,5 ml/¬Ω theelepel oestersaus

5 ml/1 theelepel mais (maizena)

5 ml/1 theelepel witte wijnazijn

60 ml/4 eetlepels arachide (pinda) olie.

100 g broccoliroosjes

5ml/1tl vissaus

2,5 ml/¬Ω theelepel sojasaus

250 ml runderbouillon

30 ml/2 eetlepels sesamzaadjes

Marineer het vlees met oestersaus, 2,5 ml/¬Ω theelepel maïzena, 2,5 ml/¬Ω theelepel wijnazijn en 15 ml/¬Ω theelepel olie gedurende een uur.

Verhit ondertussen 15 ml/1 eetlepel olie, voeg de broccoli, 2,5 ml/¬Ω theelepel vissaus, de sojasaus en de rest van de wijnazijn toe en giet er kokend water overheen. Laat ongeveer 10 minuten sudderen tot ze zacht zijn.

Verhit 30 ml/2 el olie in een aparte pan en bak de biefstuk kort aan tot deze dichtgeschroeid is. Voeg de bouillon, de resterende maizena en de vissaus toe, breng aan de kook, dek af en laat ongeveer 10 minuten sudderen tot het vlees gaar is. Giet de broccoli af en leg ze op een warme serveerschaal. Top met vlees en bestrooi royaal met sesamzaadjes.

Gegrilde biefstuk

Voor 4 personen

450 g magere biefstuk, in plakjes

60 ml/4 eetlepels sojasaus

2 teentjes knoflook, geperst

5 ml/1 theelepel zout

2,5 ml/½ theelepel versgemalen peper

10 ml/2 theelepels suiker

Meng alle ingrediënten en laat 3 uur marineren. Grill of braden (braden) op een hete grill gedurende ongeveer 5 minuten per kant.

Kantonees rundvlees

Voor 4 personen

30 ml/2 el mais (maizena)
2 opgeklopte eiwitten
450 g biefstuk, in reepjes gesneden
frituurolie
4 stengels bleekselderij, gehakt
2 uien, gesnipperd
60 ml/4 eetlepels water
20 ml/4 theelepels zout
75 ml/5 eetlepels sojasaus
60 ml/4 eetlepels rijstwijn of droge sherry
30 ml / 2 eetlepels suiker
versgemalen peper

Meng de helft van de maïzena met de eiwitten. Voeg de biefstuk toe en roer om het vlees in het beslag te coaten. Verhit de olie en bak de biefstuk goudbruin. Haal uit de pan en laat uitlekken op keukenpapier. Verhit 15ml/1el olie en fruit de bleekselderij en uien 3 minuten. Voeg het vlees, water, zout, sojasaus, wijn of sherry en suiker toe en breng op smaak met peper. Breng aan de kook en laat al roerend sudderen tot de saus dikker wordt.

Rundvlees Met Wortelen

Voor 4 personen

30ml/2tbsp Pinda (pinda) olie.

450 g mager rundvlees, in blokjes gesneden

2 lente-uitjes (lente-ui), fijngesneden

2 teentjes knoflook, geperst

1 plakje gemberwortel, fijngehakt

250 ml sojasaus

30 ml rijstwijn of droge sherry

30 ml/2 eetlepels bruine suiker

5 ml/1 theelepel zout

600 ml/1 pt/2 ¬Ω glazen water

4 wortels, diagonaal gesneden

Verhit de olie en bak het vlees goudbruin. Giet de overtollige olie af en voeg de lente-uitjes, knoflook, gember en anijs toe en bak 2 minuten. Voeg de sojasaus, wijn of sherry, suiker en zout toe en meng goed. Voeg het water toe, laat het koken, dek af en laat een uur sudderen. Voeg de wortels toe, dek af en kook nog eens 30 minuten. Haal de deksel eraf en laat sudderen tot de saus is ingekookt.

Rundvlees met cashewnoten

Voor 4 personen

60 ml/4 eetlepels arachide (pinda) olie.

450 g rosbief, dun gesneden

8 lente-uitjes (ui), in stukjes gesneden

2 teentjes knoflook, geperst

1 plakje gemberwortel, fijngehakt

75 g geroosterde cashewnoten

120 ml/4 fl oz/¬Ω glas water

20 ml / 4 tl maïs (maizena)

20 ml/4 theelepels sojasaus

5 ml/1 theelepel sesamolie

5 ml/1 theelepel oestersaus

5 ml/1 theelepel chilisaus

Verhit de helft van de olie en bak het vlees goudbruin. Haal uit de pan. Verhit de rest van de olie en fruit hierin de lente-uitjes, knoflook, gember en cashewnoten een minuutje. Doe het vlees terug in de pan. Meng de andere ingrediënten en giet het mengsel in de pan. Breng aan de kook en laat al roerend sudderen tot het mengsel dikker wordt.

Slow beef braadpan

Voor 4 personen

30ml/2tbsp Pinda (pinda) olie.

450 g stoofvlees, in plakjes

3 plakjes gemberwortel, fijngehakt

3 wortelen, in stukjes

1 raap, gehakt

15 ml/1 eetlepel zwarte dadels, omgekeerd

15 ml/1 eetlepel lotuszaden

30 ml/2 el tomatenpuree (puree)

10 ml/2 eetlepels zout

900 ml runderbouillon

250 ml rijstwijn of droge sherry

Verhit de olie in een grote pan of koekenpan zonder vlam en bak het vlees aan alle kanten dicht.

Rundvlees Met Bloemkool

Voor 4 personen

225 g bloemkoolroosjes

frituurolie

225 g rundvlees, in reepjes gesneden

50 g bamboescheuten, in reepjes gesneden

10 waterkastanjes, in reepjes gesneden

120 ml kippenbouillon

15 ml/1 eetlepel sojasaus

15 ml/1 el oestersaus

15 ml/1 eetlepel tomatenpuree (puree)

15 ml/1 el mais (maizena)

2,5 ml/¬Ω theelepel sesamolie

Blancheer de bloemkool 2 minuten in kokend water en giet af. Verhit de olie en bak de bloemkool goudbruin. Giet af en laat ze uitlekken op keukenpapier. Verhit de olie en bak het vlees lichtbruin, giet af en laat uitlekken. Giet alle olie behalve 15 ml/1 el olie erbij en fruit de bamboescheuten en waterkastanje 2 minuten. Voeg de overige ingrediënten toe, breng aan de kook en laat al roerend sudderen tot de saus dikker wordt. Doe het vlees en de bloemkool terug in de pan en verwarm zachtjes. Serveer onmiddellijk.

Selderij rundvlees

Voor 4 personen

100 g bleekselderij, in reepjes gesneden

45ml/3tbsp Arachide (pinda) olie.

2 lente-uitjes (lente-uitjes), fijngehakt

1 plakje gemberwortel, fijngehakt

225 g mager rundvlees, in reepjes gesneden

30 ml/2 eetlepels sojasaus

30 ml rijstwijn of droge sherry

2,5 ml/¬Ω theelepel suiker

2,5 ml/¬Ω theelepel zout

Blancheer de bleekselderij een minuut in kokend water en laat goed uitlekken. Verhit de olie en bak hierin de lente-uitjes en gember goudbruin. Voeg het vlees toe en roer 4 minuten. Voeg de bleekselderij toe en bak 2 minuten mee. Voeg de sojasaus, wijn of sherry, suiker en zout toe en roer 3 minuten.

Gebraden Rundvleesplakken Met Kfus

Voor 4 personen

30ml/2tbsp Pinda (pinda) olie.

450 g mager rundvlees, in reepjes gesneden

3 stengels bleekselderij, fijngehakt

1 ui, gesnipperd

1 lente-ui (ui), gesnipperd

1 plakje gemberwortel, fijngehakt

30 ml/2 eetlepels sojasaus

15 ml rijstwijn of droge sherry

2,5 ml/¬Ω theelepel suiker

2,5 ml/¬Ω theelepel zout

10ml/2tl mais (maizena)

30 ml/2 eetlepels water

Verhit de helft van de olie tot zeer heet en bak het vlees in een minuut goudbruin. Haal uit de pan. Verhit de rest van de olie en fruit hierin de bleekselderij, ui, lente-ui en gember tot ze iets zacht zijn. Doe het rundvlees terug in de pan met de sojasaus, wijn of sherry, suiker en zout, breng aan de kook en roer om door te warmen. Meng de maïzena en het water, roer in de pan en laat sudderen tot de saus dikker wordt. Serveer onmiddellijk.

Rundergehakt Met Kip En Selderij

Voor 4 personen

4 gedroogde Chinese champignons

45ml/3tbsp Arachide (pinda) olie.

2 teentjes knoflook, geperst

1 in plakjes gesneden gemberwortel, fijngehakt

5 ml/1 theelepel zout

100 g mager rundvlees, in reepjes gesneden

100 g kip, in reepjes gesneden

2 wortels, in reepjes gesneden

2 stengels bleekselderij, in reepjes gesneden

4 lente-uitjes (lente-uitjes), in reepjes gesneden

5 ml/1 theelepel suiker

5 ml/1 theelepel sojasaus

5 ml/1 theelepel rijstwijn of droge sherry

45 ml/3 eetlepels water

5 ml/1 theelepel mais (maizena)

Week de champignons 30 minuten in heet water en giet ze af. Verwijder de steeltjes en snij de hoedjes eraf. Verhit de olie en bak de knoflook, gember en zout goudbruin. Voeg het rundvlees en de kip toe en bak tot het bruin begint te worden. Voeg de bleekselderij, bosui, suiker, sojasaus, wijn of sherry en water toe en breng aan de kook. Dek af en laat ongeveer 15 minuten sudderen tot het vlees gaar is. Meng de maïzena met een beetje water, voeg het toe aan de saus en laat al roerend sudderen tot de saus indikt.

Chili rundvlees

Voor 4 personen

450 g runderfilet, in reepjes gesneden

45 ml/3 eetlepels sojasaus

15 ml rijstwijn of droge sherry

15 ml/1 eetlepel bruine suiker

15ml/1tbsp fijngehakte gemberwortel

30ml/2tbsp Pinda (pinda) olie.

50 g bamboescheuten, in reepjes gesneden

1 ui, in reepjes gesneden

1 stengel bleekselderij, in luciferhoutjes gesneden

2 rode pepers geschild en in reepjes gesneden

120 ml kippenbouillon

15 ml/1 el mais (maizena)

Doe de biefstuk in een kom. Meng de sojasaus, wijn of sherry, suiker en gember en combineer met de biefstuk. Laat het een uurtje marineren. Haal de biefstuk uit de marinade. Verhit de helft van de olie en fruit de bamboescheuten, ui, bleekselderij en chilipeper 3 minuten en haal ze dan uit de pan. Verhit de resterende olie en bak de biefstuk 3 minuten. Meng de marinade, laat koken en voeg de gebakken groenten toe. Kook al roerend gedurende 2 minuten. Meng de bouillon en maizena en voeg toe aan de pan. Breng aan de kook en laat al roerend sudderen tot de saus helder en ingedikt is.

Rundvlees met paksoi

Voor 4 personen

225 g mager rundvlees

30ml/2tbsp Pinda (pinda) olie.

350 g Chinese kool, geraspt

120 ml runderbouillon

zout en versgemalen peper

10ml/2tl mais (maizena)

30 ml/2 eetlepels water

Snijd het vlees dun tegen de draad in. Verhit de olie en bak het vlees goudbruin. Voeg de paksoi toe en bak tot hij iets zachter is. Voeg de bouillon toe, breng aan de kook en breng op smaak met zout en peper. Dek af en laat 4 minuten sudderen tot het vlees gaar is. Meng de maïzena en het water, giet het in de pan en laat al roerend sudderen tot de saus dikker wordt.

Suey Rundvlees Chop

Voor 4 personen

3 stengels bleekselderij, fijngehakt

100 g taugé

100 g broccoliroosjes

60 ml/4 eetlepels arachide (pinda) olie.

3 lente-uitjes (lente-uitjes), fijngehakt

2 teentjes knoflook, geperst

1 plakje gemberwortel, fijngehakt

225 g mager rundvlees, in reepjes gesneden

45 ml/3 eetlepels sojasaus

15 ml rijstwijn of droge sherry

5 ml/1 theelepel zout

2,5 ml/¬Ω theelepel suiker

versgemalen peper

15 ml/1 el mais (maizena)

Blancheer de bleekselderij, taugé en broccoli 2 minuten in kokend water, giet af en dep droog. Verhit 45 ml/3 el olie en fruit hierin de lente-uitjes, knoflook en gember goudbruin. Voeg het vlees toe en roer 4 minuten. Haal uit de pan. Verhit de resterende olie en bak de groenten 3 minuten. Voeg het rundvlees, sojasaus, wijn of sherry, zout, suiker en een snufje peper toe en roer 2 minuten. Meng de maïzena met een beetje water, giet het in de pan en laat al roerend sudderen tot de saus helder en dik wordt.

Komkommer Rundvlees

Voor 4 personen

450 g rosbief, dun gesneden

45 ml/3 eetlepels sojasaus

30 ml/2 el mais (maizena)

60 ml/4 eetlepels arachide (pinda) olie.

2 komkommers, geschild, ontpit en in plakjes

60 ml/4 eetlepels kippenbouillon

30 ml rijstwijn of droge sherry

zout en versgemalen peper

Doe de biefstuk in een kom. Meng de sojasaus en maizena door elkaar en combineer met de biefstuk. Laat het 30 minuten marineren. Verhit de helft van de olie en bak de komkommers 3 minuten tot ze glazig zijn en haal ze dan uit de pan. Verhit de resterende olie en bak de steak bruin. Voeg de komkommer toe en roer 2 minuten. Voeg de bouillon, wijn of sherry toe en breng op smaak met zout en peper. Breng aan de kook, dek af en laat 3 minuten sudderen.

Rundvlees Chow Mein

Voor 4 personen

750 g biefstuk

2 uien

45 ml/3 eetlepels sojasaus

45 ml/3 eetlepels rijstwijn of droge sherry

15 ml/1 eetlepel pindakaas

5 ml/1 theelepel citroensap

350 g eierpasta

60 ml/4 eetlepels arachide (pinda) olie.

175 ml kippenbouillon

15 ml/1 el mais (maizena)

30 ml oestersaus

4 lente-uitjes (lente-uitjes), fijngehakt

3 stengels bleekselderij, fijngehakt

100 g champignons, in plakjes
1 groene paprika, in reepjes gesneden
100 g taugé

Verwijder en snijd het vet van het vlees. Snijd de parmezaan in dunne stukjes. Snijd de uien in partjes en haal de lagen uit elkaar. Meng 15 ml/1 el sojasaus met 15 ml/1 el wijn of sherry, de pindakaas en het citroensap. Voeg het vlees toe, dek af en laat een uur rusten. Kook de tagliatelle in kokend water in ongeveer 5 minuten gaar. Laat goed uitlekken. Verhit 15 ml/1 el olie, voeg 15 ml/1 el sojasaus en noedels toe en bak in 2 minuten goudbruin. Breng over naar een verwarmde schotel.

Meng de rest van de sojasaus en de wijn of sherry met de bouillon, maïzena en oestersaus. Verhit 15 ml/1 el olie en fruit de uien een minuutje. Voeg de bleekselderij, champignons, paprika en taugé toe en roer 2 minuten. Haal uit de wok. Verhit de resterende olie en bak het vlees bruin. Voeg de bouillon toe, breng aan de kook, dek af en laat 3 minuten sudderen. Doe de groenten terug in de wok en laat al roerend ongeveer 4 minuten sudderen tot ze heet zijn. Giet het mengsel over de tagliatelle en serveer.

Komkommer Biefstuk

Voor 4 personen

450 g biefstuk

10ml/2tl mais (maizena)

10 ml/2 theelepels zout

2,5 ml/¬Ω theelepel versgemalen peper

90 ml/6 eetlepels arachide (pinda) olie.

1 ui, fijngehakt

1 komkommer, geschild en in stukjes gesneden

120 ml runderbouillon

Snijd de biefstuk in reepjes en vervolgens in dunne plakjes tegen de draad in. Doe in een kom en voeg de maïzena, zout, peper en de helft van de olie toe. Laat het 30 minuten marineren. Verhit de resterende olie en bak het rundvlees en de ui goudbruin. Voeg de komkommer en bouillon toe, breng aan de kook, dek af en laat 5 minuten sudderen.

Gebakken Rundvlees Curry

Voor 4 personen

45 ml/3 eetlepels boter

15 ml/1 eetlepel kerriepoeder

45 ml/3 eetlepels bloem (voor alle doeleinden).

375 ml melk

15 ml/1 eetlepel sojasaus

zout en versgemalen peper

450 g gekookt rundvlees, gehakt

100 g erwten

2 wortelen, in stukjes

2 uien, gesnipperd

225 g gekookte langkorrelige rijst, heet

1 hardgekookt ei (gekookt), gehakt

Smelt de boter, voeg de kerrie en bloem toe en bak een minuutje. Meng de melk en de sojasaus, breng aan de kook en laat al roerend 2 minuten sudderen. Kruid met peper en zout. Voeg het rundvlees, de erwten, de wortelen en de uien toe en roer goed om de saus te bedekken. Roer de rijst erdoor, doe het mengsel in een bakplaat en kook in een voorverwarmde oven op 200 ∞ C/ 400 ∞

F/gasstand 6 gedurende 20 minuten tot de groenten gaar zijn. Serveer gegarneerd met plakjes gekookt ei.

Gemarineerde zeeoor

Voor 4 personen

450g ingeblikte abalone

45 ml/3 eetlepels sojasaus

30 ml/2 eetlepels wijnazijn

5 ml/1 theelepel suiker

een paar druppels sesamolie

Giet het zeewier af en snijd of snijd in dunne plakjes of reepjes. Meng de andere ingrediënten door elkaar, giet over het zeewier en meng goed. Dek af en zet een uur in de koelkast.

Gestoofde bamboescheuten

Voor 4 personen

60 ml/4 eetlepels arachide (pinda) olie.
225 g bamboescheuten, in reepjes gesneden
60 ml/4 eetlepels kippenbouillon
15 ml/1 eetlepel sojasaus
5 ml/1 theelepel suiker
5 ml/1 theelepel rijstwijn of droge sherry

Verhit de olie en bak de bamboescheuten 3 minuten. Meng de bouillon, sojasaus, suiker en wijn of sherry en voeg toe aan de pan. Dek af en laat 20 minuten sudderen. Laat afkoelen en afkoelen voor het serveren.

Kip Met Komkommer

Voor 4 personen

1 komkommer, geschild en gezaaid
225 g gekookte kip, in kleine stukjes gesneden
5 ml/1 theelepel mosterdpoeder
2,5 ml/½ theelepel zout
30 ml/2 eetlepels wijnazijn

Snijd de komkommer in reepjes en leg ze op een serveerschaal. Leg de kip erop. Meng de mosterd, het zout en de wijnazijn en giet dit vlak voor het opdienen over de kip.

Sesam kip

Voor 4 personen

350 gram gekookte kip

120 ml/4 fl oz/¬Ω glas water

5 ml/1 theelepel mosterdpoeder

15 ml/1 eetlepel sesamzaadjes

2,5 ml/¬Ω theelepel zout

Een snufje suiker

45 ml/3 eetlepels vers gesneden koriander

5 lente-uitjes (lente-uitjes), fijngehakt

¬Ω krop sla, geraspt

Snijd de kip in dunne reepjes. Meng voldoende water door de mosterd om een gladde pasta te maken en combineer dit met de kip. Rooster de sesamzaadjes in een droge koekenpan tot ze lichtbruin zijn, voeg ze toe aan de kip en bestrooi ze met zout en suiker. Voeg de helft van de peterselie en lente-uitjes toe en meng goed. Leg de sla op een schaal, bovenop het kipmengsel en garneer met de overgebleven peterselie.

Lychee met Gember

Voor 4 personen

1 grote watermeloen, gehalveerd en zonder zaadjes
450 g lychees uit blik, uitgelekt
5 cm/2 stengel gember, fijngehakt
een paar muntblaadjes

Vul de meloenhelften met lychee en gember, decoreer met muntblaadjes. Koel voor het opdienen.

Geroosterde kippenvleugels

Voor 4 personen

8 kippenvleugels
2 lente-uitjes (lente-uitjes), fijngehakt
75 ml/5 eetlepels sojasaus
120 ml/4 fl oz/¬Ω glas water
30 ml/2 eetlepels bruine suiker

Verwijder de botpunten van de kippenvleugels en snijd ze doormidden. Doe in een pan met de overige ingrediënten, laat het koken, dek af en laat 30 minuten sudderen. Verwijder het deksel en laat nog 15 minuten sudderen, vaak roerend. Laat afkoelen en zet vervolgens in de koelkast voor het serveren.

Krabvlees Met Komkommer

Voor 4 personen

100 g krabvlees, gepeld
2 komkommers, geschild en in stukjes gesneden
1 plakje gemberwortel, fijngehakt
15 ml/1 eetlepel sojasaus
30 ml/2 eetlepels wijnazijn
5 ml/1 theelepel suiker
een paar druppels sesamolie

Doe de krab en komkommer in een kom. Meng de andere ingrediënten door elkaar, giet over het krabvleesmengsel en meng goed. Dek af en zet 30 minuten in de koelkast alvorens te serveren.

gemarineerde champignons

Voor 4 personen

225 g champignons
30 ml/2 eetlepels sojasaus
15 ml rijstwijn of droge sherry
een snufje zout
een paar druppels Tabasco
een paar druppels sesamolie

Blancheer de champignons 2 minuten in kokend water, giet ze af en dep ze droog. Doe in een kom en giet de andere ingrediënten erover. Meng goed en laat afkoelen voor het opdienen.

Gemarineerde Knoflook Champignons

Voor 4 personen

225 g champignons

3 teentjes knoflook, geperst

30 ml/2 eetlepels sojasaus

30 ml rijstwijn of droge sherry

15 ml/1 eetlepel sesamolie

een snufje zout

Doe de champignons en knoflook in een vergiet, giet kokend water en laat 3 minuten staan. Giet af en droog goed af. Meng de overige ingrediënten, giet de marinade over de champignons en laat een uur marineren.

Garnalen en Bloemkool

Voor 4 personen

225 g bloemkoolroosjes

100 gram gepelde garnalen

15 ml/1 eetlepel sojasaus

5 ml/1 theelepel sesamolie

Kook de bloemkool apart in ongeveer 5 minuten gaar maar nog knapperig. Meng met de garnalen, besprenkel met sojasaus en sesamolie en bak samen. Koel voor het opdienen.

Sesamhamsticks

Voor 4 personen

225 g ham, in reepjes gesneden
10 ml/2 theelepels sojasaus
2,5 ml/½ theelepel sesamolie

Schik de ham op een serveerschaal. Meng de sojasaus en sesamolie, verdeel over de ham en serveer.

Koude tofu

Voor 4 personen

450 g tofu, gehakt

45 ml/3 eetlepels sojasaus

45ml/3tbsp Arachide (pinda) olie.

versgemalen peper

Doe de tofu, een paar plakjes per keer, in een vergiet en kook 40 seconden in kokend water, laat uitlekken en schik op een serveerschaal. Laat het afkoelen. Meng de sojasaus en olie door elkaar, verdeel over de tofu en serveer bestrooid met peper.

Kip Met Spek

Voor 4 personen

225 g kip, heel dun gesneden
75 ml/5 eetlepels sojasaus
15 ml rijstwijn of droge sherry
1 teentje knoflook, geplet
15 ml/1 eetlepel bruine suiker
5 ml/1 theelepel zout
5ml/1tl gemalen gemberwortel
225 g mager spek, in blokjes gesneden
100 g waterkastanjes, zeer dun gesneden
30 ml/2 lepels honing

Doe de kip in een kom. Meng 45ml/3el sojasaus met wijn of sherry, knoflook, suiker, zout en gember, giet over de kip en marineer ongeveer 3 uur. Rijg de kip, bacon en kastanjes aan de kebabspiesjes. Meng de rest van de sojasaus met de honing en bestrijk de spiesjes hiermee. Grill (geroosterd) onder een hete grill ongeveer 10 minuten tot ze gaar zijn, vaak keren en bestrijken met meer glazuur terwijl het kookt.

Kip banaan frietjes

Voor 4 personen

2 gekookte kipfilets
2 stevige bananen
6 sneetjes brood
4 eieren
120 ml/4 fl oz/¬Ω glas melk
50 g/2 oz/¬Ω kop bloem (voor alle doeleinden).
225 g vers paneermeel
frituurolie

Snijd de kip in 24 stukken. Schil de bananen en snijd ze in de lengte in vieren. Snijd elk kwart in drieën om 24 stukken te maken. Snijd de korst van het brood en snijd in vieren. Klop de eieren en melk los en bestrijk één kant van het brood. Leg een stuk kip en een stuk banaan op de met eieren beklede kant van elk stuk brood. Bestuif de vierkantjes licht met bloem, doop ze in de eieren en bedek ze met paneermeel. Opnieuw door het ei en paneermeel halen. Verhit de olie en bak een paar vierkantjes tegelijk goudbruin. Laat voor het serveren uitlekken op keukenpapier.

Kip Met Gember En Champignons

Voor 4 personen

225 g kipfiletfilets
5ml/1tl vijfkruidenpoeder
15 ml/1 el bloem (voor alle doeleinden).
120 ml pinda (pinda)olie.
4 sjalotten, gehalveerd
1 teentje knoflook, gehakt
1 plakje gemberwortel, fijngehakt
25 g cashewnoten
5 ml/1 theelepel honing
15 ml/1 eetlepel rijstmeel
75 ml/5 eetlepels rijstwijn of droge sherry
100 g champignons, in vieren gesneden
2,5 ml/¬Ω theelepel kurkuma
6 gele chilipepers, gehalveerd
5 ml/1 theelepel sojasaus
¬Ω limoensap
zout en peper
4 knapperige slablaadjes

Snijd de kipfilet diagonaal over de draad in dunne reepjes. Bestrooi met vijfkruidenpoeder en bestrooi licht met bloem. Verhit 15 ml/1 el olie en bak de kip bruin. Haal uit de pan. Verhit nog wat olie en fruit hierin de sjalotjes, knoflook, gember en cashewnoten een minuutje. Voeg de honing toe en roer tot de groenten bedekt zijn. Bestrooi met bloem en voeg dan wijn of sherry toe. Voeg de champignons, kurkuma en rode peper toe en bak een minuutje mee. Voeg de kip, sojasaus, de helft van het limoensap, zout en peper toe en verwarm. Haal uit de pan en houd warm. Verhit nog wat olie, voeg de slablaadjes toe en bak snel, breng op smaak met zout en peper en het resterende limoensap. Schik de slablaadjes op een warme schaal, schik het vlees en de groenten erop en serveer.

Kip en Ham

Voor 4 personen

225 g kip, heel dun gesneden
75 ml/5 eetlepels sojasaus
15 ml rijstwijn of droge sherry
15 ml/1 eetlepel bruine suiker
5ml/1tl gemalen gemberwortel
1 teentje knoflook, geplet
225 g gekookte ham, in plakjes
30 ml/2 lepels honing

Doe de kip in een kom met 45 ml/3 el sojasaus, wijn of sherry, suiker, gember en knoflook. Laat het 3 uur marineren. Rijg de kip en ham aan de kebabspiesjes. Meng de rest van de sojasaus met de honing en bestrijk de spiesjes hiermee. Grill (geroosterd) onder een hete grill gedurende ongeveer 10 minuten, keer vaak en bestrijk met glazuur tijdens het koken.

Gegrilde kippenlever

Voor 4 personen

450 g kippenlever
45 ml/3 eetlepels sojasaus
15 ml rijstwijn of droge sherry
15 ml/1 eetlepel bruine suiker
5 ml/1 theelepel zout
5ml/1tl gemalen gemberwortel
1 teentje knoflook, geplet

Blancheer de kippenlevertjes 2 minuten in kokend water en laat ze goed uitlekken. Doe in een kom met alle andere ingrediënten behalve de olie en marineer ongeveer 3 uur. Leg de kippenlever op de kebabspiesjes en gril (gebraden) onder een hete grill in circa 8 minuten goudbruin.

Krabballetjes met waterkastanjes

Voor 4 personen

450 g krabvlees, gehakt

100 g waterkastanjes, gehakt

1 teentje knoflook, geplet

1 cm/¬Ω gehakte gemberwortel, fijngehakt

45 ml/3 el mais (maizena)

30 ml/2 eetlepels sojasaus

15 ml rijstwijn of droge sherry

5 ml/1 theelepel zout

5 ml/1 theelepel suiker

3 eieren, losgeklopt

frituurolie

Meng alle ingrediënten behalve de olie en vorm er balletjes van. Verhit de olie en bak de krabballetjes goudbruin. Laat goed uitlekken voor het opdienen.

Dim sum

Voor 4 personen

100 g gepelde garnalen, in stukjes
225 g mager varkensvlees, fijngehakt
50 g Chinese kool, fijngehakt
3 lente-uitjes (lente-uitjes), fijngehakt
1 ei, losgeklopt
30 ml/2 el mais (maizena)
10 ml/2 theelepels sojasaus
5 ml/1 theelepel sesamolie
5 ml/1 theelepel oestersaus
24 wontonvellen
frituurolie

Meng de garnalen, het varkensvlees, de kool en de lente-uitjes erdoor. Meng het ei, maizena, sojasaus, sesamolie en oestersaus. Schep lepels van het mengsel in het midden van elke wontonhuid. Wikkel het vel voorzichtig om de vulling, stop de randen naar binnen maar laat de bovenkant open. Verhit de olie en bak de dim sum beetje bij beetje goudbruin. Laat goed uitlekken en dien warm op.

Rolletjes ham en kip

Voor 4 personen

2 kipfilets

1 teentje knoflook, geplet

2,5 ml/½ theelepel zout

2,5 ml/½ theelepel vijfkruidenpoeder

4 plakjes gekookte ham

1 ei, losgeklopt

30 ml/2 eetlepels melk

25 g bloem (voor alle doeleinden).

4 loempia's

frituurolie

Snijd de kipfilet doormidden. Klop ze tot zeer dun. Meng de knoflook, het zout en het vijfkruidenpoeder en strooi dit over de kip. Leg op elk stuk kip een plakje ham en rol het strak op. Meng het ei en de melk. Bestuif de stukken kip licht met bloem en wentel ze vervolgens door het eimengsel. Leg elk stuk op het vel van een loempia en bestrijk de randen met losgeklopt ei. Vouw de zijkanten naar binnen en rol dan samen, knijp de randen samen om te verzegelen. Verhit de olie en bak de rolletjes in circa 5 minuten goudbruin gekookt en gekookt. Laat uitlekken op keukenpapier en snij in dikke diagonale plakken om te serveren.

Gebakken Ham Wartels

Voor 4 personen

350 g bloem (voor alle doeleinden).

175 g boter

120 ml/4 fl oz/¬Ω glas water

225 g ham, fijngehakt

100 g bamboescheuten, gehakt

2 lente-uitjes (lente-uitjes), fijngehakt

15 ml/1 eetlepel sojasaus

30 ml/2 eetlepels sesamzaadjes

Doe de bloem in een kom en voeg de boter toe. Roer het water tot een deeg. Rol het deeg uit en snijd in ringen van 5 cm. Meng alle andere ingrediënten behalve de sesamzaadjes en leg een lepel op elke cirkel. Bevochtig de randen van het bladerdeeg met water en plak ze dicht. Was de buitenkant met water en bestrooi met sesamzaadjes. Bak in een voorverwarmde oven op 180°C/350°F/gasstand 4 gedurende 30 minuten.

Pseudo gerookte vis

Voor 4 personen

1 zeebaars

3 plakjes gemberwortel, gehakt

1 teentje knoflook, geplet

1 lente-ui (lente-ui), in dikke plakken gesneden

75 ml/5 eetlepels sojasaus

30 ml rijstwijn of droge sherry

2,5 ml/¬Ω theelepel gemalen zoetstof

2,5 ml/¬Ω theelepel sesamolie

10 ml/2 theelepels suiker

120 ml bouillon

frituurolie

5 ml/1 theelepel mais (maizena)

Maak de vis schoon en snijd hem in stukken van 5 mm dik. Meng de gember, knoflook, lente-ui, 60 ml/4 el sojasaus, sherry, anijszaad en sesamolie. Giet over de vis en schep voorzichtig om. Laat het twee uur rusten, af en toe keren.

Giet de marinade af in een pan en droog de vis op keukenpapier. Voeg de suiker, de bouillon en de rest van de sojasaus toe marinade, laat het koken en laat het een minuutje sudderen. Als de saus ingedikt moet worden, meng maizena met een beetje koud water, meng het met de saus en laat het al roerend sudderen tot de saus dikker wordt.

Verhit ondertussen de olie en bak de vis goudbruin. Laat goed uitlekken. Doop de stukken vis in de marinade en leg ze op een warme schaal. Serveer warm of koud.

Gestoofde champignons

Voor 4 personen

12 grote hoeden gedroogde paddenstoelen
225 g krabvlees
3 waterkastanjes, gehakt
2 lente-uitjes (lente-ui), fijngehakt
1 eiwit
15 ml/1 el mais (maizena)
15 ml/1 eetlepel sojasaus
15 ml rijstwijn of droge sherry

Week de champignons een nacht in heet water. Druk droog. Meng de overige ingrediënten en vul hiermee de champignonhoedjes. Plaats op een stoomrek en stoom gedurende 40 minuten. Heet opdienen.

Champignons In Oestersaus

Voor 4 personen

10 gedroogde Chinese champignons
250 ml runderbouillon
15 ml/1 el mais (maizena)
30 ml oestersaus
5 ml/1 theelepel rijstwijn of droge sherry

Week de champignons 30 minuten in heet water, giet ze af en bewaar 250 ml van het weekvocht. Gooi de logboeken weg. Meng 60 ml/4 eetlepels runderbouillon met maïzena tot een pasta. Breng de resterende runderbouillon met de champignons en het champignonvocht aan de kook, dek af en laat 20 minuten sudderen. Haal de champignons met een schuimspaan uit het vocht en schik ze op een warme serveerschaal. Voeg de oestersaus en sherry toe aan de pan en breng al roerend 2 minuten aan de kook. Roer de maizenapasta erdoor en laat al roerend sudderen tot de saus dikker wordt. Giet over de champignons en serveer direct.

Wraps van varkensvlees en sla

Voor 4 personen

4 gedroogde Chinese champignons
15 ml/1 eetlepel arachide (pinda)olie.
225 g mager varkensvlees, gehakt
100 g bamboescheuten, gehakt
100 g waterkastanjes, gehakt
4 lente-uitjes (lente-uitjes), fijngehakt
175 g krabvlees, gepeld
30 ml rijstwijn of droge sherry
15 ml/1 eetlepel sojasaus
10ml/2tl oestersaus
10 ml/2 theelepels sesamolie
9 Chinese bladeren

Week de champignons 30 minuten in heet water en giet ze af. Verwijder de steeltjes en snij de hoedjes eraf. Verhit de olie en bak het varkensvlees 5 minuten. Voeg de champignons, bamboescheuten, waterkastanjes, lente-uitjes en krabvlees toe en roer 2 minuten. Meng de wijn of sherry, sojasaus, oestersaus en sesamolie en roer in de pan. Haal van het vuur. Blancheer ondertussen de Chinese bladeren een minuut in kokend water droogleggen. Leg een eetlepel van het varkensvleesmengsel in het midden van elk blad, vouw over de zijkanten en rol op om te serveren.

Varkensvlees En Kastanje Gehaktballetjes

Voor 4 personen

450 g gemalen varkensvlees (gehakt).

50 g champignons, fijngehakt

50 g waterkastanjes, fijngehakt

1 teentje knoflook, geplet

1 ei, losgeklopt

30 ml/2 eetlepels sojasaus

15 ml rijstwijn of droge sherry

5ml/1tl gemalen gemberwortel

5 ml/1 theelepel suiker

zout

30 ml/2 el mais (maizena)

frituurolie

Meng alle ingrediënten behalve de maïzena en vorm er balletjes van. Rol in maizena. Verhit de olie en bak de gehaktballetjes in circa 10 minuten goudbruin. Laat goed uitlekken voor het opdienen.

Varkensvlees knoedel

Serveert 4,6

450 g bloem (voor alle doeleinden).
500 ml/17 fl oz/2 kopjes water
450 g gekookt varkensvlees, gehakt
225 g gepelde garnalen, in stukjes
4 stengels bleekselderij, fijngehakt
15 ml/1 eetlepel sojasaus
15 ml rijstwijn of droge sherry
15 ml/1 eetlepel sesamolie
5 ml/1 theelepel zout
2 lente-uitjes (lente-ui), fijngehakt
2 teentjes knoflook, geperst
1 plakje gemberwortel, fijngehakt

Meng de bloem en het water tot een zacht deeg en kneed goed. Dek af en laat 10 minuten rusten. Rol het deeg zo dun mogelijk uit en snijd in cirkels van 5 cm. Meng alle overige ingrediënten door elkaar. Doe een theelepel mengsel op elke cirkel, maak de randen nat en sluit in een halve cirkel. Breng een pan water aan de kook en laat de gnocchi voorzichtig in het water vallen.

Varkensvlees En Kalfsvleesballetjes

Voor 4 personen

100 g varkensgehakt (gehakt).

100 g kalfsgehakt (gehakt).

1 plak spekreepjes, gehakt (fijngehakt)

15 ml/1 eetlepel sojasaus

zout en peper

1 ei, losgeklopt

30 ml/2 el mais (maizena)

frituurolie

Meng het gehakt en de spekjes en breng op smaak met zout en peper. Combineer met het ei, vorm balletjes ter grootte van een walnoot en besprenkel met maïzena. Olie verhitten en goudbruin bakken. Laat goed uitlekken voor het opdienen.

Vlinder garnaal

Voor 4 personen

450 g gepelde grote garnalen
15 ml/1 eetlepel sojasaus
5 ml/1 theelepel rijstwijn of droge sherry
5ml/1tl gemalen gemberwortel
2,5 ml/¬Ω theelepel zout
2 eieren, losgeklopt
30 ml/2 el mais (maizena)
15 ml/1 el bloem (voor alle doeleinden).
frituurolie

Snijd de garnalen aan de achterkant doormidden en verdeel ze in een vlindervorm. Meng de sojasaus, wijn of sherry, gember en zout. Giet over de garnalen en laat 30 minuten marineren. Haal uit de marinade en dep droog. Klop het ei met de maïzena en bloem tot een deeg en rol de garnalen door het deeg. Verhit de olie en bak de garnalen goudbruin. Laat goed uitlekken voor het opdienen.

Chinese garnalen

Voor 4 personen

450 g ongepelde garnalen
30ml/2tbs worcestershiresaus
15 ml/1 eetlepel sojasaus
15 ml rijstwijn of droge sherry
15 ml/1 eetlepel bruine suiker

Doe de garnalen in een kom. Meng de andere ingrediënten, giet over de garnalen en laat 30 minuten marineren. Leg op een bakplaat en bak in een voorverwarmde oven op 150°C/300°F/gasstand 2 gedurende 25 minuten. Serveer warm of koud met korstjes erop zodat de gasten hun eigen korst kunnen pellen.

Draken Wolken

Voor 4 personen

100 gram kroepoek

frituurolie

Verhit de olie tot zeer heet. Voeg de kroepoek beetje bij beetje toe en bak een paar seconden tot ze rijzen. Haal uit de olie en laat uitlekken op keukenpapier terwijl je de crackers verder bakt.

Krokante Garnalen

Voor 4 personen

450 g gepelde tijgergarnalen
15 ml rijstwijn of droge sherry
10 ml/2 theelepels sojasaus
5ml/1tl vijfkruidenpoeder
zout en peper
90 ml/6 el mais (maizena)
2 eieren, losgeklopt
100 gram paneermeel
arachideolie om te frituren

Meng de garnalen met de wijn of sherry, sojasaus en vijfkruidenpoeder en breng op smaak met zout en peper. Rol ze door de maïsmeel en rol ze vervolgens door de losgeklopte eieren en paneermeel. Bak in hete olie een paar minuten tot ze goudbruin zijn, giet ze af en serveer ze onmiddellijk.

Garnalen Met Gembersaus

Voor 4 personen

15 ml/1 eetlepel sojasaus

5 ml/1 theelepel rijstwijn of droge sherry

5 ml/1 theelepel sesamolie

450 g gepelde garnalen

30 ml/2 eetlepels gehakte verse peterselie

15 ml/1 eetlepel wijnazijn

5ml/1tl gemalen gemberwortel

Meng de sojasaus, wijn of sherry en sesamolie. Giet over de garnalen, dek af en marineer gedurende 30 minuten. Grill de garnalen enkele minuten tot ze net gaar zijn en bedruip ze met de marinade. Meng ondertussen de peterselie, wijnazijn en gember om bij de garnalen te serveren.

Garnalennoedelrolletjes

Voor 4 personen

50 g eierpasta, in stukjes gesneden
15 ml/1 eetlepel arachide (pinda)olie.
50 g mager varkensvlees, fijngehakt
100 g champignons, gehakt
3 lente-uitjes (lente-uitjes), fijngehakt
100 g gepelde garnalen, in stukjes
15 ml rijstwijn of droge sherry
zout en peper
24 wontonvellen
1 ei, losgeklopt
frituurolie

Kook de tagliatelle 5 minuten in kokend water, giet af en hak fijn. Verhit de olie en bak het varkensvlees 4 minuten. Voeg de champignons en uien toe en bak 2 minuten, haal dan van het vuur. Combineer de garnalen, wijn of sherry en noedels en breng op smaak met zout en peper. Schep lepels van het mengsel in het midden van elke wontonschelp en bestrijk de randen met losgeklopt ei. Vouw de randen om en rol de wikkel op, zodat de randen aan elkaar worden geplakt. Verhit de olie en bak de rolletjes a

beetje bij beetje in ongeveer 5 minuten goudbruin. Laat voor het serveren uitlekken op keukenpapier.

toast met garnalen

Voor 4 personen

2 eieren 450 g gepelde garnalen, in stukjes

15 ml/1 el mais (maizena)

1 ui, fijngehakt

30 ml/2 eetlepels sojasaus

15 ml rijstwijn of droge sherry

5 ml/1 theelepel zout

5ml/1tl gemalen gemberwortel

8 sneetjes brood, in driehoeken gesneden

frituurolie

Meng een ei met alle andere ingrediënten behalve het brood en de olie. Giet het mengsel over de brooddriehoeken en druk in een koepelvorm. Bestrijk met het resterende ei. Verhit ongeveer 5 cm olie en bak de driehoekjes brood goudbruin. Laat goed uitlekken voor het opdienen.

Wontons van varkensvlees en garnalen met zoetzure saus

Voor 4 personen

120 ml/4 fl oz/½ glas water

60 ml/4 eetlepels wijnazijn

60 ml/4 el bruine suiker

30 ml/2 el tomatenpuree (puree)

10ml/2tl mais (maizena)

25 g champignons, gehakt

25 g gepelde garnalen, in stukjes

50 g mager varkensvlees, gehakt

2 lente-uitjes (lente-uitjes), fijngehakt

5 ml/1 theelepel sojasaus

2,5 ml/½ theelepel geraspte gemberwortel

1 teentje knoflook, geplet

24 wontonvellen

frituurolie

Meng in een steelpan het water, wijnazijn, suiker, tomatenconcentraat en maizena. Breng aan de kook, onder voortdurend roeren, en laat dan een minuut sudderen. Haal van het vuur en houd warm.

Roer de champignons, garnalen, varkensvlees, lente-uitjes, sojasaus, gember en knoflook erdoor. Leg een eetlepel van de vulling op elk vel, borstel de randen met water en druk ze samen om ze te verzegelen. Verhit de olie en bak de wontons beetje bij beetje goudbruin. Laat uitlekken op keukenpapier en serveer warm met zoetzure saus.

Kippen bouillon

Maakt 2 liter/3½ punten/8½ kopjes

1,5 kg gekookte of rauwe kippenbotten

450 g varkensbotten

1 cm/½ gemberwortel in stukjes

3 lente-uitjes (lente-uitjes), in plakjes

1 teentje knoflook, geplet

5 ml/1 theelepel zout

2,25 liter/4 punten/10 glazen water

Breng alle ingrediënten aan de kook, dek af en laat 15 minuten sudderen. Verwijder het vet. Dek af en laat 1/2 uur sudderen. Filteren, afkoelen en schuimen. Vries in kleine hoeveelheden in of zet in de koelkast en consumeer binnen twee dagen.

Soep van taugé en varkensvlees

Voor 4 personen

450 g varkensgehakt

1,5L / 2½ pts / 6 kopjes kippenbouillon

5 plakjes gemberwortel

350 g taugé

15 ml/1 eetlepel zout

Blancheer het varkensvlees 10 minuten in kokend water en giet het af. Laat de bouillon koken en voeg het varkensvlees en de gember toe. Dek af en laat 50 minuten sudderen. Voeg de taugé en het zout toe en laat 20 minuten sudderen.

Abalone en champignonsoep

Voor 4 personen

60 ml/4 eetlepels arachide (pinda) olie.
100 g mager varkensvlees, in reepjes gesneden
225 g ingeblikte zeevruchten, in reepjes gesneden
100 g champignons, in plakjes
2 stengels bleekselderij, fijngehakt
50 g ham, in reepjes gesneden
2 uien, gesnipperd
1,5L/2½ pt/6 kopjes water
30 ml/2 eetlepels wijnazijn
45 ml/3 eetlepels sojasaus
2 plakjes gemberwortel, gehakt
zout en versgemalen peper
15 ml/1 el mais (maizena)
45 ml/3 eetlepels water

Verhit de olie en fruit hierin het varkensvlees, de abalone, de champignons, de bleekselderij, de ham en de uien 8 minuten. Voeg water en wijnazijn toe, breng aan de kook, dek af en laat 20 minuten sudderen. Voeg de sojasaus, gember, zout en peper toe. Meng de maïzena tot een pasta met de water, giet het bij de soep en laat al roerend 5 minuten sudderen tot de soep helder en ingedikt is.

Kip En Aspergesoep

Voor 4 personen

100 g kip, gehakt

2 eiwitten

2,5 ml/½ theelepel zout

30 ml/2 el mais (maizena)

225 g asperges, in stukjes van 5 cm gesneden

100 g taugé

1,5L / 2½ pts / 6 kopjes kippenbouillon

100 g champignonpaddestoelen

Meng de kip met de eiwitten, zout en maïzena en laat 30 minuten rusten. Kook de kip in kokend water in ongeveer 10 minuten gaar en laat goed uitlekken. Blancheer de asperges 2 minuten in kokend water en giet ze af. Blancheer de taugé 3 minuten in kokend water en giet af. Giet de bouillon in een grote koekenpan en voeg de kip, asperges, champignons en taugé toe. Breng aan de kook en breng op smaak met zout. Laat een paar minuten sudderen om de smaken te laten ontwikkelen en tot de groenten zacht maar nog steeds knapperig zijn.

Rundersoep

Voor 4 personen

225 g rundergehakt (gehakt).

15 ml/1 eetlepel sojasaus

15 ml rijstwijn of droge sherry

15 ml/1 el mais (maizena)

1,2 L / 2 pts / 5 kopjes kippenbouillon

5ml/1tl chilibonensaus

zout en peper

2 eieren, losgeklopt

6 lente-uitjes (lente-uitjes), fijngehakt

Meng het vlees met sojasaus, wijn of sherry en maïzena. Voeg toe aan de bouillon en laat het al roerend langzaam koken. Voeg de chiliboondip toe en breng op smaak met zout en peper, dek af en laat ongeveer 10 minuten sudderen, af en toe roeren. Voeg de eieren toe en serveer bestrooid met lente-uitjes.

Chinese runder- en bladsoep

Voor 4 personen

200 g mager rundvlees, in reepjes gesneden
15 ml/1 eetlepel sojasaus
15 ml/1 eetlepel arachide (pinda)olie.
1,5L / 2½ pts / 6 kopjes runderbouillon
5 ml/1 theelepel zout
2,5 ml/½ theelepel suiker
½ krop Chinese bladeren in stukjes gesneden

Meng het vlees met de sojasaus en olie en laat 30 minuten marineren, af en toe roeren. Laat de bouillon met zout en suiker staan, voeg de Chinese bladeren toe en laat het ongeveer 10 minuten sudderen tot het bijna gaar is. Voeg het vlees toe en laat nog 5 minuten sudderen.

Koolsoep

Voor 4 personen

60 ml/4 eetlepels arachide (pinda) olie.

2 uien, gesnipperd

100 g mager varkensvlees, in reepjes gesneden

225 g Chinese kool, geraspt

10 ml/2 theelepels suiker

1,2 L / 2 pts / 5 kopjes kippenbouillon

45 ml/3 eetlepels sojasaus

zout en peper

15 ml/1 el mais (maizena)

Verhit de olie en bak de uien en het varkensvlees goudbruin. Voeg de kool en de suiker toe en roer 5 minuten. Voeg de bouillon en sojasaus toe en breng op smaak met zout en peper. Breng aan de kook, dek af en laat 20 minuten sudderen. Meng de maïzena met een beetje water, voeg het toe aan de soep en laat al roerend sudderen tot de soep dikker en transparant is.

Pittige rundersoep

Voor 4 personen

45ml/3tbsp Arachide (pinda) olie.

1 teentje knoflook, geplet

5 ml/1 theelepel zout

225 g rundergehakt (gehakt).

6 lente-uitjes (lente-uitjes), in reepjes gesneden

1 rode paprika, in reepjes gesneden

1 groene paprika, in reepjes gesneden

225 g kool, gesneden

1 L / 1¾ pt / 4¼ kopjes runderbouillon

30 ml/2 el pruimensaus

30 ml/2 el hoisinsaus

45 ml/3 eetlepels sojasaus

2 stuks stemgember, fijngehakt

2 eieren

5 ml/1 theelepel sesamolie

225 g transparante noedels, geweekt

Verhit de olie en bak hierin de knoflook en het zout goudbruin. Voeg het vlees toe en bak snel bruin. Voeg de groenten toe en roer tot ze glazig zijn. Bouillon, pruimensaus, hoisinsaus, 30ml/2 toevoegen

een lepel sojasaus en gember, laat het koken en laat het 10 minuten pruttelen. Klop de eieren los met de sesamolie en de rest van de soja. Voeg toe aan de noedelsoep en kook, al roerend, tot de eieren slierten vormen en de noedels gaar zijn.

Hemelse soep

Voor 4 personen

2 lente-uitjes (lente-uitjes), fijngehakt
1 teentje knoflook, geplet
30 ml/2 eetlepels gehakte verse peterselie
5 ml/1 theelepel zout
15 ml/1 eetlepel arachide (pinda)olie.
30 ml/2 eetlepels sojasaus
1,5L/2½ pt/6 kopjes water

Meng de lente-uitjes, knoflook, peterselie, zout, olie en sojasaus. Breng het water aan de kook, giet het bosuimengsel erover en laat 3 minuten staan.

Soep van kip en bamboescheuten

Voor 4 personen

2 kippenpoten

30ml/2tbsp Pinda (pinda) olie.

5 ml/1 theelepel rijstwijn of droge sherry

1,5L / 2½ pts / 6 kopjes kippenbouillon

3 lente-uitjes, gesnipperd

100 g bamboescheuten, in stukjes gesneden

5ml/1tl gemalen gemberwortel

zout

Verwijder de botten van de kip en snijd het vlees in stukjes. Verhit de olie en braad de kip aan alle kanten dicht. Voeg de bouillon, lente-uitjes, bamboescheuten en gember toe, breng aan de kook en laat ongeveer 20 minuten sudderen tot de kip gaar is. Breng voor het serveren op smaak met zout.

Kip En Maïssoep

Voor 4 personen

1 L/1¾ pt/4¼ kopjes kippenbouillon
100 g kip, gehakt
200 g room van suikermaïs
gesneden ham, gehakt
geklopte eieren
15 ml rijstwijn of droge sherry

Breng de bouillon en de kip aan de kook, dek af en laat 15 minuten sudderen. Voeg de mais en ham toe, dek af en laat 5 minuten sudderen. Voeg de eieren en sherry toe, meng voorzichtig met een garde zodat de eieren slierten vormen. Haal van het vuur, dek af en laat 3 minuten rusten alvorens te serveren.

Kip En Gembersoep

Voor 4 personen

4 gedroogde Chinese champignons
1,5 L/2½ pt/6 kopjes water of kippenbouillon
225 g kippenvlees, in blokjes gesneden
10 plakjes gemberwortel
5 ml/1 theelepel rijstwijn of droge sherry
zout

Week de champignons 30 minuten in heet water en giet ze af. Gooi de logboeken weg. Breng het water of de bouillon met de andere ingrediënten aan de kook en laat ongeveer 20 minuten sudderen tot de kip gaar is.

Chinese Champignon Kippensoep

Voor 4 personen

25 g gedroogde Chinese champignons
100 g kip, gehakt
50 g bamboescheuten, geraspt
30 ml/2 eetlepels sojasaus
30 ml rijstwijn of droge sherry
1,2 L / 2 pts / 5 kopjes kippenbouillon

Week de champignons 30 minuten in heet water en giet ze af. Verwijder de stelen en splits de hoedjes. Blancheer de champignons, kip en bamboescheuten 30 seconden in kokend water en giet ze af. Doe ze in een kom en combineer de sojasaus en wijn of sherry. Laat het een uurtje marineren. Breng de bouillon aan de kook, voeg het kipmengsel en de marinade toe. Meng goed en laat het een paar minuten sudderen tot de kip gaar is.

Kip En Rijstsoep

Voor 4 personen

1 L/1¾ pt/4¼ kopjes kippenbouillon

225 g gekookte langkorrelige rijst

100 g gekookte kip, in reepjes gesneden

1 ui, in partjes gesneden

5 ml/1 theelepel sojasaus

Verwarm alle ingrediënten samen tot ze heet zijn zonder de soep te koken.

Kokossoep met kip

Voor 4 personen

350 gram kipfilet

zout

10ml/2tl mais (maizena)

30ml/2tbsp Pinda (pinda) olie.

1 groene paprika, fijngehakt

1 L/1¾ pt/4¼ kopjes kokosmelk

5 ml/1 theelepel geraspte citroenschil

12 lychees

een snufje geraspte nootmuskaat

zout en versgemalen peper

2 blaadjes citroenmelisse

Snijd de kipfilet diagonaal over de draad in reepjes. Bestrooi met zout en bedek met maïzena. Verhit 10ml/2tl olie in een wok, roer en giet. Herhaal nog een keer. Verhit de resterende olie en bak hierin de kip en rode peper een minuutje. Voeg de kokosmelk toe en breng aan de kook. Voeg de citroenrasp toe en laat 5 minuten sudderen. Voeg de lychees toe, breng op smaak met nootmuskaat, peper en zout en serveer gegarneerd met citroenmelisse.

Clam chowder

Voor 4 personen

2 gedroogde Chinese champignons
12 kokkels, geweekt en geschild
1,5L / 2½ pts / 6 kopjes kippenbouillon
50 g bamboescheuten, geraspt
50 g peultjes (erwten), gehalveerd
2 lente-uitjes (lente-uitjes), in ringen gesneden
15 ml rijstwijn of droge sherry
een snufje versgemalen peper

Week de champignons 30 minuten in heet water en giet ze af. Verwijder de steeltjes en halveer de hoedjes. Stoom de kokkels ongeveer 5 minuten tot ze opengaan; gooi degenen die gesloten blijven weg. Haal de kokkels uit hun schelp. Breng de bouillon aan de kook en voeg de champignons, bamboescheuten, peultjes en lente-uitjes toe. Kook, onafgedekt, gedurende 2 minuten. Voeg de penselen, wijn of sherry en peper toe en laat het geheel doorkoken.

Eier soep

Voor 4 personen

1,2 L / 2 pts / 5 kopjes kippenbouillon
3 eieren, losgeklopt
45 ml/3 eetlepels sojasaus
zout en versgemalen peper
4 lente-uitjes (lente-uitjes), fijngehakt

Laat de bouillon koken. Klop geleidelijk de losgeklopte eieren zodat ze in lijnen scheiden. Roer de sojasaus erdoor en breng op smaak met zout en peper. Serveer gegarneerd met lente-uitjes.

Krab- en sint-jakobsschelpsoep

Voor 4 personen

4 gedroogde Chinese champignons

15 ml/1 eetlepel arachide (pinda)olie.

1 ei, losgeklopt

1,5L / 2½ pts / 6 kopjes kippenbouillon

175 g krabvlees, gepeld

100 g gepelde sint-jakobsschelpen, in stukjes gesneden

100 g bamboescheuten, gehakt

2 lente-uitjes (lente-uitjes), fijngehakt

1 plakje gemberwortel, fijngehakt

een paar gekookte en gepelde garnalen (optioneel)

45 ml/3 el mais (maizena)

90 ml/6 eetlepels water

30 ml rijstwijn of droge sherry

20 ml/4 theelepels sojasaus

2 eiwitten

Week de champignons 30 minuten in heet water en giet ze af. Verwijder de stelen en snijd de hoedjes in dunne plakjes. Verhit de olie, voeg het ei toe en kantel de pan zodat het ei de bodem bedekt. Kook tot zeef en draai dan om en kook aan de andere kant. Haal uit de pan, rol op en snijd in dunne reepjes.

Breng de bouillon aan de kook, voeg champignons, eierreepjes, krabvlees, sint-jakobsschelpen, bamboescheuten, lente-uitjes, gember en evt. garnalen toe. Breng opnieuw aan de kook. Meng de maïzena met 60 ml/4 el water, wijn of sherry-sojasaus en roer door de soep. Roer, roer tot de soep dikker wordt. Klop de eiwitten met de rest van het water stijf en giet het mengsel onder krachtig roeren langzaam bij de soep.

Krab soep

Voor 4 personen

90 ml/6 eetlepels arachide (pinda) olie.

3 uien, gesnipperd

225 g wit en bruin krabvlees

1 plakje gemberwortel, fijngehakt

1,2 L / 2 pts / 5 kopjes kippenbouillon

150 ml/¼ pt/glas rijstwijn of droge sherry

45 ml/3 eetlepels sojasaus

zout en versgemalen peper

Verhit de olie en fruit de uien tot ze zacht maar niet bruin zijn. Voeg het krabvlees en de gember toe en roer 5 minuten. Voeg de bouillon, wijn of sherry en sojasaus toe, breng op smaak met zout en peper. Breng aan de kook en laat 5 minuten sudderen.

Vissoep

Voor 4 personen

225 g visfilets

1 plakje gemberwortel, fijngehakt

15 ml rijstwijn of droge sherry

30ml/2tbsp Pinda (pinda) olie.

1,5L/2½ pts/6 kopjes visbouillon

Snijd de vis in dunne reepjes tegen de draad in. Meng de gember, wijn of sherry en olie, voeg de vis toe en roer voorzichtig. Laat 30 minuten marineren, af en toe keren. Laat de bouillon koken, voeg de vis toe en laat 3 minuten sudderen.

Soep van vis en sla

Voor 4 personen

225 g witte visfilets

30 ml/2 eetlepels bloem (voor alle doeleinden).

zout en versgemalen peper

90 ml/6 eetlepels arachide (pinda) olie.

6 lente-uitjes (lente-uitjes), fijngehakt

100 g sla, gesneden

1,2L/2pt/5cups water

10ml/2tl fijngehakte gemberwortel

150 ml rijstwijn of droge sherry

30 ml/2 el mais (maizena)

30 ml/2 eetlepels gehakte verse peterselie

10 ml/2 theelepels citroensap

30 ml/2 eetlepels sojasaus

Snijd de vis in dunne reepjes en haal deze door de gekruide bloem. Verhit de olie en fruit hierin de lente-uitjes tot ze zacht zijn. Voeg de sla toe en bak 2 minuten mee. Voeg de vis toe en kook 4 minuten. Voeg het water, gember en wijn of sherry toe, laat koken, dek af en laat 5 minuten sudderen. Meng de maïzena met een beetje water en voeg dit toe aan de soep. Roer, roer nog 4 minuten tot de soep

meng en breng op smaak met zout en peper. Serveer bestrooid met peterselie, citroensap en sojasaus.

Gember knoedelsoep

Voor 4 personen

5 cm stukjes gemberwortel, geraspt

350 gram rietsuiker

1,5L/2½ pt/7 kopjes water

225 g/8 oz/2 kopjes rijstmeel

2,5 ml/½ theelepel zout

60 ml/4 eetlepels water

Doe de gember, suiker en water in een pan en laat het koken, roer. Dek af en kook ongeveer 20 minuten. Giet de soep af en doe terug in de pan.

Doe ondertussen de bloem en het zout in een kom en meng beetje bij beetje met voldoende water om een dik deeg te krijgen. Vorm er balletjes van en giet het deeg in de soep. Laat de soep opnieuw koken, dek af en laat nog 6 minuten sudderen tot de knoedels gaar zijn.

Hete en zure soep

Voor 4 personen

8 gedroogde Chinese champignons
1 L/1¾ pt/4¼ kopjes kippenbouillon
100 g kip, in reepjes gesneden
100 g bamboescheuten, in reepjes gesneden
100 g tofu, in reepjes gesneden
15 ml/1 eetlepel sojasaus
30 ml/2 eetlepels wijnazijn
30 ml/2 el mais (maizena)
2 eieren, losgeklopt
een paar druppels sesamolie

Week de champignons 30 minuten in heet water en giet ze af. Verwijder de stelen en snijd de hoeden in reepjes. Breng de champignons, bouillon, kip, bamboescheuten en tofu aan de kook, dek af en laat 10 minuten sudderen. Meng de sojasaus, wijnazijn en maïzena tot een gladde pasta, voeg toe aan de soep en laat 2 minuten pruttelen tot de soep glazig wordt. Voeg langzaam de eieren en sesamolie toe en meng met een garde. Dek af en laat 2 minuten rusten alvorens te serveren.

Champignonsoep

Voor 4 personen

15 gedroogde Chinese champignons

1,5L / 2½ pts / 6 kopjes kippenbouillon

5 ml/1 theelepel zout

Week de champignons 30 minuten in heet water, giet ze af en bewaar het vocht. Verwijder de stelen en snijd de hoedjes doormidden als ze groot zijn en plaats ze in een grote hittebestendige kom. Plaats de kom op een rek in een stomer. Breng de bouillon aan de kook, giet deze over de champignons, dek af en stoom 1 uur in kokend water. Breng op smaak met zout en serveer.

Kool En Champignonsoep

Voor 4 personen

25 g gedroogde Chinese champignons
15 ml/1 eetlepel arachide (pinda)olie.
50 g Chinese bladeren, gehakt
15 ml rijstwijn of droge sherry
15 ml/1 eetlepel sojasaus
1,2 liter kippen- of groentebouillon
zout en versgemalen peper
5 ml/1 theelepel sesamolie

Week de champignons 30 minuten in heet water en giet ze af. Verwijder de stelen en splits de hoedjes. Verhit de olie en bak de champignons en Chinese bladeren 2 minuten tot ze goed bedekt zijn. Blus af met wijn of sherry en sojasaus en voeg de bouillon toe. Breng aan de kook, breng op smaak met zout en peper en laat 5 minuten sudderen. Besprenkel met sesamolie voor het opdienen.

Eiersoep met champignons

Voor 4 personen

1 L/1¾ pt/4¼ kopjes kippenbouillon
30 ml/2 el mais (maizena)
100 g champignons, in plakjes
1 schijfje ui, fijngehakt
een snufje zout
3 druppels sesamolie
2,5 ml/½ theelepel sojasaus
1 ei, losgeklopt

Meng wat bouillon met de maïzena en meng dan alle ingrediënten behalve het ei. Breng aan de kook, dek af en laat 5 minuten sudderen. Voeg het ei toe, roer met een staaf zodat het ei slierten vormt. Haal van het vuur en laat 2 minuten rusten alvorens te serveren.

Champignon- en waterkastanjesoep

Voor 4 personen

1 L/1¾ pt/4¼ kopjes groentebouillon of water

2 uien, fijngehakt

5 ml/1 theelepel rijstwijn of droge sherry

30 ml/2 eetlepels sojasaus

225 g champignons

100 g waterkastanjes, gehakt

100 g bamboescheuten, gehakt

een paar druppels sesamolie

2 blaadjes sla, in stukjes gesneden

2 lente-uitjes (ui), in stukjes gesneden

Breng het water, uien, wijn of sherry-sojasaus aan de kook, dek af en laat 10 minuten sudderen. Voeg de champignons, waterkastanjes en bamboescheuten toe, dek af en laat 5 minuten sudderen. Combineer de sesamolie, slablaadjes en lente-uitjes, haal van het vuur, dek af en laat een minuut staan voordat je het serveert.

Varkensvlees En Champignonsoep

Voor 4 personen

60 ml/4 eetlepels arachide (pinda) olie.

1 teentje knoflook, geplet

2 uien, gesnipperd

225 g mager varkensvlees, in reepjes gesneden

1 stengel bleekselderij, gehakt

50 g champignons, gehakt

2 wortelen, in stukjes

1,2 L / 2 pts / 5 kopjes runderbouillon

15 ml/1 eetlepel sojasaus

zout en versgemalen peper

15 ml/1 el mais (maizena)

Verhit de olie en bak de knoflook, uien en varkensvlees tot de uien zacht en licht zijn. Voeg de bleekselderij, champignons en wortels toe, dek af en laat 10 minuten zachtjes sudderen. Laat de bouillon koken, voeg dan toe aan de pan met de sojasaus en breng op smaak met zout en peper. Meng de maïzena met een beetje water, giet het in de pan en laat het al roerend ongeveer 5 minuten sudderen.

Soep van varkensvlees en waterkers

Voor 4 personen

1,5L / 2½ pts / 6 kopjes kippenbouillon
100 g mager varkensvlees, in reepjes gesneden
3 stengels bleekselderij, diagonaal gesneden
2 lente-uitjes (lente-ui), fijngesneden
1 bosje waterkers
5 ml/1 theelepel zout

Laat de bouillon koken, voeg het varkensvlees en de bleekselderij toe, dek af en laat 15 minuten sudderen. Voeg de lente-uitjes, waterkers en zout toe en laat onafgedekt ongeveer 4 minuten sudderen.

Varkensvlees En Komkommersoep

Voor 4 personen

100 g mager varkensvlees, in dunne plakjes
5 ml/1 theelepel mais (maizena)
15 ml/1 eetlepel sojasaus
15 ml rijstwijn of droge sherry
1 komkommer
1,5L / 2½ pts / 6 kopjes kippenbouillon
5 ml/1 theelepel zout

Roer varkensvlees, maizena, sojasaus en wijn of sherry erdoor. Roer om het varkensvlees te coaten. Schil de komkommer, snijd hem in de lengte doormidden en verwijder de zaadlijsten. Grove portie. Laat de bouillon koken, voeg het varkensvlees toe, dek af en laat 10 minuten sudderen. Voeg de komkommer toe en laat het een paar minuten sudderen tot het glazig is. Roer het zout erdoor en voeg eventueel wat meer sojasaus toe.

Soep met gehaktballen en noedels

Voor 4 personen

50 g rijstnoedels

225 g gemalen varkensvlees (gehakt).

5 ml/1 theelepel mais (maizena)

2,5 ml/½ theelepel zout

30 ml/2 eetlepels water

1,5L / 2½ pts / 6 kopjes kippenbouillon

1 lente-ui (lente-ui), fijngehakt

5 ml/1 theelepel sojasaus

Week de noedels in koud water terwijl je de gehaktballetjes klaarmaakt. Meng het varkensvlees, maizena, een beetje zout en water en vorm balletjes ter grootte van een walnoot. Laat een pan water koken, voeg de varkensgehaktballetjes toe, dek af en laat 5 minuten sudderen. Giet goed af en laat de noodles uitlekken. Laat de bouillon koken, voeg de gehaktballen en varkensnoedels toe, dek af en laat 5 minuten sudderen. Voeg de lente-ui, sojasaus en de rest van het zout toe en laat nog 2 minuten pruttelen.

Spinazie En Tofu Soep

Voor 4 personen

1,2 L / 2 pts / 5 kopjes kippenbouillon
200 g tomaten uit blik, uitgelekt en in stukjes gesneden
225 g tofu, gehakt
225 g spinazie, gehakt
30 ml/2 eetlepels sojasaus
5 ml/1 theelepel bruine suiker
zout en versgemalen peper

Breng de bouillon aan de kook, voeg dan de tomaten, tofu en spinazie toe en roer voorzichtig. Breng opnieuw aan de kook en laat 5 minuten sudderen. Voeg de sojasaus en suiker toe en breng op smaak met zout en peper. Laat een minuut sudderen voor het opdienen.

Krabvissoep en suikermaïs

Voor 4 personen

1,2 L / 2 pts / 5 kopjes kippenbouillon
200 gram suikermaïs
zout en versgemalen peper
1 ei, losgeklopt
200 g krabvlees, gepeld
3 sjalotjes, fijngehakt

Laat de bouillon koken, voeg de suikermaïs toe, breng op smaak met zout en peper. Laat 5 minuten sudderen. Schenk vlak voor het serveren de eieren door een vork en roer de soep erdoor. Serveer bestrooid met krabvlees en gehakte sjalotten.

Sichuan-soep

Voor 4 personen

4 gedroogde Chinese champignons

1,5L / 2½ pts / 6 kopjes kippenbouillon

75 ml/5 eetlepels droge witte wijn

15 ml/1 eetlepel sojasaus

2,5 ml/½ theelepel chilisaus

30 ml/2 el mais (maizena)

60 ml/4 eetlepels water

100 g mager varkensvlees, in reepjes gesneden

50 g gekookte ham, in reepjes gesneden

1 rode paprika, in reepjes gesneden

50 g waterkastanjes, gehakt

10 ml/2 theelepels wijnazijn

5 ml/1 theelepel sesamolie

1 ei, losgeklopt

100 gram gepelde garnalen

6 lente-uitjes (lente-uitjes), fijngehakt

175 g tofu, in plakjes

Week de champignons 30 minuten in heet water en giet ze af. Verwijder de stelen en splits de hoedjes. Breng bouillon, wijn, soja mee

saus en hete pepersaus tot het kookt, dek af en laat 5 minuten sudderen. Meng de maïzena met de helft van het water en voeg al roerend toe aan de soep tot de soep dikker wordt. Voeg de champignons, het varkensvlees, de ham, de paprika en de waterkastanjes toe en laat 5 minuten sudderen. Meng de wijnazijn en sesamolie. Klop het ei los met het resterende water en giet het onder krachtig roeren bij de soep. Voeg de garnalen, lente-uitjes en tofu toe en laat een paar minuten doorwarmen.

Tofu-soep

Voor 4 personen

1,5L / 2½ pts / 6 kopjes kippenbouillon
225 g tofu, gehakt
5 ml/1 theelepel zout
5 ml/1 theelepel sojasaus

Laat de bouillon koken en voeg de tofu, het zout en de sojasaus toe. Laat een paar minuten sudderen tot de tofu heet is.

Tofu en vissoep

Voor 4 personen

225 g witvisfilets, in reepjes gesneden

150 ml rijstwijn of droge sherry

10ml/2tl fijngehakte gemberwortel

45 ml/3 eetlepels sojasaus

2,5 ml/½ theelepel zout

60 ml/4 eetlepels arachide (pinda) olie.

2 uien, gesnipperd

100 g champignons, in plakjes

1,2 L / 2 pts / 5 kopjes kippenbouillon

100 g tofu, in plakjes

zout en versgemalen peper

Doe de vis in een kom. Meng de wijn of sherry, gember, sojasaus en zout en giet dit over de vis. Laat het 30 minuten marineren. Verhit de olie en fruit de ui 2 minuten. Voeg de champignons toe en blijf bakken tot de uien zacht maar niet bruin zijn. Voeg de vis en de marinade toe, breng aan de kook, dek af en laat 5 minuten sudderen. Voeg de bouillon toe, laat koken, dek af en laat 15 minuten sudderen. Voeg de tofu toe en breng op smaak met zout en peper. Kook tot de tofu gaar is.

Tomatensoep

Voor 4 personen

400 g tomaten uit blik, uitgelekt en in stukjes gesneden
1,2 L / 2 pts / 5 kopjes kippenbouillon
1 plakje gemberwortel, fijngehakt
15 ml/1 eetlepel sojasaus
15 ml/1 el chilibonensaus
10 ml/2 theelepels suiker

Doe alle ingrediënten in een pan en laat het sudderen, af en toe roeren. Laat ongeveer 10 minuten koken voor het opdienen.

Tomaat En Spinaziesoep

Voor 4 personen

1,2 L / 2 pts / 5 kopjes kippenbouillon
225 g tomatenblokjes uit blik
225 g tofu, gehakt
225 gram spinazie
30 ml/2 eetlepels sojasaus
zout en versgemalen peper
2,5 ml/½ theelepel suiker
2,5 ml/½ theelepel rijstwijn of droge sherry

Laat de bouillon koken, voeg dan de tomaten, tofu en spinazie toe en laat 2 minuten pruttelen. Voeg de andere ingrediënten toe en laat 2 minuten sudderen, meng goed en serveer.

Raap soep

Voor 4 personen

1 L/1¾ pt/4¼ kopjes kippenbouillon
1 grote raap, dun gesneden
200 g mager varkensvlees, in dunne plakjes
15 ml/1 eetlepel sojasaus
60 ml/4 eetlepels brandewijn
zout en versgemalen peper
4 sjalotjes, fijngehakt

Laat de bouillon koken, voeg de raap en het varkensvlees toe, dek af en laat 20 minuten sudderen tot de raap zacht is en het vlees gaar is. Combineer de sojasaus en cognac, breng op smaak. Kook tot het heet is en serveer bestrooid met sjalotjes.

Stoofpot

Voor 4 personen

6 gedroogde Chinese champignons
1 L/1¾ pt/4¼ kopjes groentebouillon
50 g bamboescheuten, in reepjes gesneden
50 g waterkastanjes, gehakt
8 peultjes (erwten), gehakt
5 ml/1 theelepel sojasaus

Week de champignons 30 minuten in heet water en giet ze af. Verwijder de stelen en snijd de hoeden in reepjes. Voeg ze toe aan de bouillon met de bamboescheuten en waterkastanjes en laat koken, dek af en laat 10 minuten pruttelen. Voeg de peultjes en sojasaus toe, dek af en laat 2 minuten sudderen. Laat 2 minuten rusten alvorens te serveren.

Vegetarische soep

Voor 4 personen

¼ *kool*

2 wortelen

3 stengels bleekselderij

2 lente-uitjes (lente-uitjes)

30ml/2tbsp Pinda (pinda) olie.

1,5L/2½ pt/6 kopjes water

15 ml/1 eetlepel sojasaus

15 ml rijstwijn of droge sherry

5 ml/1 theelepel zout

versgemalen peper

Snijd de groenten in reepjes. Verhit de olie en bak de groenten 2 minuten tot ze zacht beginnen te worden. Voeg de andere ingrediënten toe, breng aan de kook, dek af en laat 15 minuten sudderen.

Waterkerssoep

Voor 4 personen

1 L/1¾ pt/4¼ kopjes kippenbouillon
1 ui, fijngehakt
1 stengel bleekselderij, fijngehakt
225 g waterkers, grof gehakt
zout en versgemalen peper

Breng de bouillon, ui en bleekselderij aan de kook, dek af en laat 15 minuten sudderen. Voeg de waterkers toe, dek af en laat 5 minuten sudderen. Kruid met peper en zout.

Gebakken Vis Met Groenten

Voor 4 personen

4 gedroogde Chinese champignons
4 hele vissen, schoongemaakt en ontschubd
frituurolie
30 ml/2 el mais (maizena)
45ml/3tbsp Arachide (pinda) olie.
100 g bamboescheuten, in reepjes gesneden
50 g waterkastanjes, in reepjes gesneden
50 g Chinese kool, gesneden
2 plakjes gemberwortel, gehakt
30 ml rijstwijn of droge sherry
30 ml/2 eetlepels water
15 ml/1 eetlepel sojasaus
5 ml/1 theelepel suiker
120 ml visbouillon
zout en versgemalen peper
¬Ω krop sla, geraspt
15 ml/1 eetlepel gehakte platte peterselie

Week de champignons 30 minuten in heet water en giet ze af. Verwijder de stelen en splits de hoedjes. Bestuif de vis vanuit het midden

maïsmeel en schud overtollig af. Verhit de olie en bak de vis in circa 12 minuten gaar. Laat uitlekken op keukenpapier en houd warm.

Verhit de olie en fruit hierin de champignons, bamboescheuten, waterkastanjes en kool 3 minuten. Voeg de gember, wijn of sherry, 15 ml/1 el water, sojasaus en suiker toe en roer een minuutje door. Voeg de bouillon, zout en peper toe, breng aan de kook, dek af en laat 3 minuten sudderen. Meng de maïzena met de rest van het water, giet het in de pan en laat al roerend sudderen tot de saus indikt. Leg de sla op een serveerschaal en leg de vis erop. Giet over de groenten en saus en serveer gegarneerd met peterselie.

Gebakken Hele Vis

Voor 4 personen

1 grote zeebaars of soortgelijke vis
45 ml/3 el mais (maizena)
45ml/3tbsp Arachide (pinda) olie.
1 ui, gesnipperd
2 teentjes knoflook, geperst
50 g ham, in reepjes gesneden
100 gram gepelde garnalen
15 ml/1 eetlepel sojasaus
15 ml rijstwijn of droge sherry
5 ml/1 theelepel suiker
5 ml/1 theelepel zout

Smeer de vis in met maizena. Verhit de olie en bak de ui en knoflook goudbruin. Voeg de vis toe en bak aan beide kanten goudbruin. Leg de vis op folie op een bakplaat en bedek met de ham en garnalen. Voeg de sojasaus, wijn of sherry, suiker en zout toe aan de pan en meng goed. Giet over de vis, dek af met folie en bak in een voorverwarmde oven op 150°C/300°F/gasstand 2 gedurende 20 minuten.

Gestoofde sojavis

Voor 4 personen

1 grote zeebaars of soortgelijke vis

zout

50 g/2 oz/¬Ω kop bloem (voor alle doeleinden).

60 ml/4 eetlepels arachide (pinda) olie.

3 plakjes gemberwortel, fijngehakt

3 lente-uitjes (lente-uitjes), fijngehakt

250 ml/8 fl oz/1 kopje water

45 ml/3 eetlepels sojasaus

15 ml rijstwijn of droge sherry

2,5 ml/¬Ω theelepel suiker

Maak de vis schoon, ontschub hem en kerf hem aan beide kanten diagonaal in. Bestrooi met zout en laat 10 minuten staan. Verhit de olie en bak de vis aan beide kanten goudbruin, draai hem een keer om en bedruip hem met olie terwijl hij kookt. Voeg de gember, lente-uitjes, water, sojasaus, wijn of sherry en suiker toe, breng aan de kook, dek af en laat 20 minuten sudderen tot de vis gaar is. Serveer warm of koud.

Sojavis met oestersaus

Voor 4 personen

1 grote zeebaars of soortgelijke vis

zout

60 ml/4 eetlepels arachide (pinda) olie.

3 lente-uitjes (lente-uitjes), fijngehakt

2 plakjes gemberwortel, gehakt

1 teentje knoflook, geplet

45ml/3tbs oestersaus

30 ml/2 eetlepels sojasaus

5 ml/1 theelepel suiker

250 ml visbouillon

Maak de vis schoon en ontschub hem en kerf een paar keer diagonaal in aan elke kant. Bestrooi met zout en laat 10 minuten staan. Verhit het grootste deel van de olie en bak de vis aan beide kanten goudbruin, één keer keren. Verhit ondertussen de rest van de olie in een aparte pan en bak de lente-uitjes, gember en knoflook goudbruin. Voeg de oestersaus, sojasaus en suiker toe en roer even door. Voeg de bouillon toe en breng aan de kook. Giet het mengsel bij de gekookte vis, breng aan de kook, dek af en laat ca

15 minuten tot de vis gaar is, één of twee keer keren tijdens het koken.

Gestoomde zeebaars

Voor 4 personen

1 grote zeebaars of soortgelijke vis
2.25L/4 stks/10 kopjes water
3 plakjes gemberwortel, fijngehakt
15 ml/1 eetlepel zout
15 ml rijstwijn of droge sherry
30ml/2tbsp Pinda (pinda) olie.

Maak de vis schoon, ontschub hem en kerf meerdere keren diagonaal in aan beide kanten. Breng het water in een grote pan aan de kook en voeg de overige ingrediënten toe. Dompel de vis onder in het water, dek goed af, zet het vuur uit en laat 30 minuten rusten tot de vis gaar is.

Gestoofde Vis Met Champignons

Voor 4 personen

4 gedroogde Chinese champignons
1 grote karper of soortgelijke vis
zout
45ml/3tbsp Arachide (pinda) olie.
2 lente-uitjes (lente-uitjes), fijngehakt
1 plakje gemberwortel, fijngehakt
3 teentjes knoflook, geperst
100 g bamboescheuten, in reepjes gesneden
250 ml visbouillon
30 ml/2 eetlepels sojasaus
15 ml rijstwijn of droge sherry
2,5 ml/¬Ω theelepel suiker

Week de champignons 30 minuten in heet water en giet ze af. Verwijder de stelen en splits de hoedjes. Druk de vis een paar keer diagonaal aan beide kanten, bestrooi met zout en laat 10 minuten rusten. Verhit de olie en bak de vis aan beide kanten goudbruin. Voeg de lente-uitjes, gember en knoflook toe en bak 2 minuten. Voeg de andere ingrediënten toe, breng aan de kook, dek af en laat het 15 minuten sudderen tot de vis gaar is, één of twee keer keren en af en toe roeren.

Zoete en zure vis

Voor 4 personen

1 grote zeebaars of soortgelijke vis
1 ei, losgeklopt
50 g maïsmeel (maïszetmeel)
Frituurolie

Voor de saus:

15 ml/1 eetlepel arachide (pinda)olie.
1 groene paprika, in reepjes gesneden
100 g ingeblikte stukjes ananas op siroop
1 ui, in partjes gesneden
100 g bruine suiker
60 ml/4 eetlepels kippenbouillon
60 ml/4 eetlepels wijnazijn
15 ml/1 eetlepel tomatenpuree (puree)
15 ml/1 el mais (maizena)
15 ml/1 eetlepel sojasaus
3 lente-uitjes (lente-uitjes), fijngehakt

Maak de vis schoon en verwijder eventueel de vinnen en kop. Doop het in het losgeklopte ei en vervolgens in de maïzena. Verhit de olie en bak de vis tot hij gaar is. Laat goed uitlekken en houd warm.

Verhit voor de saus de olie en fruit hierin de paprika, gedroogde ananas en ui 4 minuten. Voeg 30 ml/2 el ananassiroop, suiker, bouillon, wijnazijn, tomatenpuree, maïzena en sojasaus toe en breng aan de kook, roer. Laat al roerend sudderen tot de saus helder en dikker wordt. Giet over de vis en serveer bestrooid met lente-uitjes.

Vis Gevuld Met Varkensvlees

Voor 4 personen

1 grote karper of soortgelijke vis

zout

100 g varkensgehakt (gehakt).

1 lente-ui (lente-ui), fijngehakt

4 plakjes gemberwortel, gehakt

15 ml/1 el mais (maizena)

60 ml/4 eetlepels sojasaus

15 ml rijstwijn of droge sherry

5 ml/1 theelepel suiker

75 ml/5 eetlepels arachide (pinda) olie.

2 teentjes knoflook, geperst

1 ui, gesnipperd

300 ml/¬Ω pt/1° glazen water

Maak de vis schoon en ontschub hem en bestrooi met zout. Meng het varkensvlees, lente-uitjes, een beetje gember, maïzena, 15 ml/1 el sojasaus, wijn of sherry en suiker en vul de vis ermee. Verhit de olie en bak de vis aan beide kanten goudbruin, haal hem dan uit de pan en giet de meeste olie af. Voeg de resterende knoflook en gember toe en bak tot ze bruin zijn.

Voeg de rest van de sojasaus en het water toe, laat het koken en laat het 2 minuten pruttelen. Doe de vis terug in de pan, dek af en laat ongeveer 30 minuten sudderen tot de vis gaar is, een of twee keer keren.

Karper met gestoofde kruiden

Voor 4 personen

1 grote karper of soortgelijke vis

150 ml/¬° pt/grote kop ¬Ω arachideolie (pinda's).

15 ml/1 eetlepel suiker

2 teentjes knoflook, fijngehakt

100 g bamboescheuten, gehakt

150 ml/¬° pt/goed ¬Ω glas visbouillon

15 ml rijstwijn of droge sherry

15 ml/1 eetlepel sojasaus

2 lente-uitjes (lente-uitjes), fijngehakt

1 plakje gemberwortel, fijngehakt

15 ml/1 eetlepel wijnazijn zout

Maak de vis schoon, ontschub hem en laat hem enkele uren weken in koud water. Laat ze uitlekken en dep ze droog, scoor elke kant meerdere keren. Verhit de olie en bak de vis aan beide kanten tot hij heel stevig is. Haal uit de pan en giet alles erin, behalve 30 ml / 2 eetlepels olie. Voeg de suiker toe aan de pan en roer tot het donker wordt. Voeg de knoflook en bamboescheuten toe en meng goed. Voeg de resterende ingrediënten toe, breng aan de kook, doe de vis terug in de pan, dek af en laat ongeveer 15 minuten sudderen tot de vis gaar is.

Schik de vis op een hete schotel en giet de saus erover.

www.ingramcontent.com/pod-product-compliance
Lightning Source LLC
Chambersburg PA
CBHW071432080526
44587CB00014B/1814